上海地情普及系列丛书

THE STORY OF SHANGHAI
FOR EVERYONE

亦中亦西

Old City

East meets West

上海市地方志办公室 主编

张雪敏 著

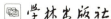 上海人民出版社　学林出版社

总 序

　　1949年，中华人民共和国成立之后，上海作为共和国的"长子"曾以突出的贡献赢得了全国人民的尊重；1978年改革开放之后，上海作为全国改革开放的排头兵、先行者，更是以辉煌的成就赢得了全国乃至全世界的瞩目。上海，不仅吸引了全国各地的劳动者来奋斗、创业，还吸引了大批海外企业家来投资。上海的人口已从改革开放初期的1000多万激增至2400万。许多新上海人一边在上海工作，一边被上海这座国际大都市的魅力所吸引，他们渴望了解上海。不仅想了解上海的今天和未来，还想了解上海的昨天；不仅渴望了解一个经济飞速发展的上海，更想了解一个有着丰厚历史文化的上海。新上海人渴望了解上海，那么，我们这些祖辈世代居住在上海的"老上海"就一定了解上海了吗？

　　曾经有一位"老上海"问我，我们这座城市为什么叫上海，而不叫下海呢？我说，您是"老上海"了，怎么会不知道呢？老人摇摇头说，别看我在上海生活了一辈子，其实我不知道的还很多呢！除了上海为什么叫"上海"之外，为什么有人说上海有两条"母亲河"？上海明明只有两个租界，为什么有人说是有三个租界？有些影视剧甚至说上海除了英法租界，还有"日租界"和"德租界"，这对吗？我告诉他，这大概就是"不识庐山真面目，只缘身在此山中"吧。像这位

"老上海"那样抱有各种疑问的人为数不少。这说明,即使是我们这些祖辈世居上海的上海人,也迫切需要学习和了解上海的历史和地理知识。

为此,近几年上海市地方志办公室注重运用史志资源,努力把地方志建设成为存史"志库"、育人"知库"和资政"智库",打造具有时代特征、上海特点和全国影响的地方志事业。特别是在志书开发利用方面,下属事业单位上海通志馆发挥地方志"育人"功能和地方志作为"知库"的重要作用,遵循"以真实为前提,以知识为目的,以通俗为手段"的原则,编纂了"上海地情普及系列丛书",陆续出版了《上海地情导览》《海上红韵》《申江赤魂》《海上潮涌》《楼藏风云》《年味乡愁》以及面向青年的《上海六千年》(三卷本)等图书。这些图书一经推出,便在社会上引起强烈反响。

2019年初,根据上海市委、市政府关于"落实'上海2035'总体规划要求,进一步加强黄浦江、苏州河(以下简称'一江一河')沿岸规划建设"的工作部署,制定了《关于提升黄浦江、苏州河沿岸地区规划建设工作的指导意见》,针对人们对上海历史地理知识缺乏了解的实际情况,我们依托志书为"信史""官书"的优势,采取"大学者写大众通俗读物"的方法,首批我们特邀葛剑雄、傅林祥、薛理勇、张雪敏、田兆元五位著名专家学者,分别撰写关于上海源、黄浦江、苏州河、老城厢、古名镇的上海地情读物,配合指导意见的实施,主动服务中心工作。这五本书篇幅都不大,每本书仅五万至八万字左右,内容生动,文字活泼,并配以大量的历史图片,以图文并茂的形式吸引读者,将浩如烟海的地方志文献转化为通俗易懂的地情知识,使地方知识更接地气、更符合大众口味。

这五位专家学者都是学问深、文章好的高手。他们能将复杂深奥的历史地理问题，写得明白晓畅，可读可诵。如，复旦大学葛剑雄教授在讲述"上海的来历"时，这样写道："其实，之所以叫'上海'，是因为这个聚落出现在一条河流的边上。这条河是吴淞江的一条支流，名字叫'上海浦'……这也非常符合聚落形成的规律。一个聚落、一个居民点要形成，要延续下来，肯定要就近解决居民的生活、生产用水，还要考虑到它与外界的联系。在还没有机械交通工具的情况下，最方便的一种运输手段就是水运。所以江南这一带的聚落、居民点，包括那些市、镇、县，毫无例外都在河边、水边。上海就是这么形成的。"

同样，薛理勇研究员在写黄浦江与吴淞江合流，写到上海先后有两条"母亲河"时，也是这样的"接地气"："原来，上海的母亲河是吴淞江（后称苏州河），后来吴淞江淤塞，渐成水患。明朝永乐年间，水利大臣夏元吉奉命主持江南水利工程。他采纳了叶宗行的建议，决心重新调整吴淞江下游的水系。具体做法是，把（上海县城东面的）上海浦拓宽、挖深、延长，使它在今浦东新区与奉贤区接壤的'闸港'处与黄浦相接，成为新的黄浦下游水道，引黄浦之水向东北流，在吴淞口注入长江，排入大海；同时，放弃今江桥以下吴淞江水道，拓宽、挖深、延长一条叫'范家浜'的河流，引吴淞江水向东流入新的黄浦下游水道。这样江浦合流后，吴淞江就从主流变成了支流，黄浦江也就从支流变成了主流，也是从此刻开始，黄浦江就取代吴淞江成了上海的'母亲河'。"这就是上海有两条"母亲河"的缘由。读着这两段文字，就像是朋友间的喝茶聊天，那样亲切，那样和顺。这五本书的文字都是这样的"接地气"，这样的具有"亲和力"。这也是这套书必将广受读者欢迎的一个重要原因。

有人说，上海像大海一样，宽广无垠，深不可测。有关上海的知识，也是浩如烟海，不可穷尽。因此，宣传上海，"让世界了解上海，让全国了解上海，让上海人了解上海"，就是一项浩大的长期工程。这正是我们上海市地方志办公室、上海史志学会以及上海通志馆和《上海滩》杂志所应承担的光荣任务，编撰出版"上海地情普及系列丛书"，就是为完成这一光荣任务所必须坚持的一项长期工作。在过去的几年内，我们的"上海地情普及系列丛书"得到了许多专家学者和热情的读者以及出版单位朋友们的大力支持。在此，我们衷心地表示感谢！并希望在今后继续得到大家的支持！

此为序。

王依群

二〇一九年五月

（本文作者为上海市地方志编纂委员会办公室副主任、

上海史志学会会长、《上海滩》杂志主编）

前 言

老城厢：上海城市"原点"

"到上海不去城隍庙,等于没到过大上海。"这里的城隍庙包含老城隍庙、豫园及购物美食小商品市场等老城厢的一大块区域。对游客而言,以城隍庙为代表的老城厢地区是"最上海"的必游景点;对上海而言,老城厢是上海江南文化的滋生地,海派文化的孕育地,城市精神的发祥地,也是上海的城市之根、发展之源、文化之脉;对上海人而言,老城厢是上海人的"乡愁"。

关于"老城厢"的范围,从语义上来讲,"城"为城邑,即城墙以内的范围;"厢"为城外人口相对集中的区域。上海老城厢即为老城墙以内,及周边毗邻黄浦江、比较繁荣的地方,也是本书的记述范围。

上海老城厢成陆于南北朝,于北宋初年形成早期居民村落。北宋天圣元年(1023年)设立"上海务"。北宋熙宁七年(1074年)设上海镇。南宋末年,吴淞江上游淤塞严重,海船无法靠近,便改泊十六铺一带。南宋景定五年(1264年),设市舶提举司。元至元二十八年(1291年)升格为"县"。明嘉靖三十二

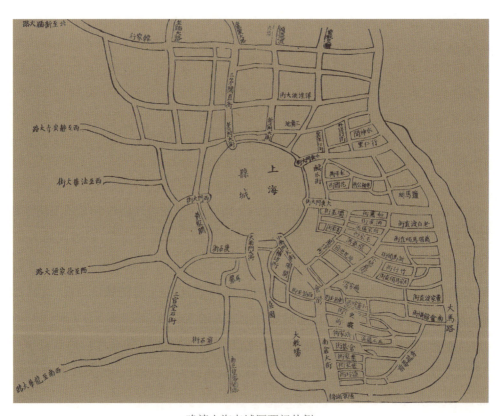

晚清上海老城厢西门外侧

年（1553年），筑城墙。至明代中叶，上海县日趋繁荣，城内业已形成以县署为中心，南北东西纵横交叉的街巷格局。据史料记载，县邑浜渠密布，桥梁纵横，河岸民宅、店肆日益增多、扩大，河滨船埠林立、商店栉比，一派江南水乡风貌。

开埠以前，老城厢是上海的政治、经济、文化中心。"莺歌燕舞常三五，一城烟火半东南"，城东南是老城厢经济最为繁荣的地方。"凡远近贸迁皆由吴淞口进泊黄浦，城东门外舳舻相接，帆樯比栉"，万商云集，贸易兴旺。从十六铺到南码头，沿黄浦江一带的弧形圈内，帆樯如林，码头渡口林立，最盛时码头多达百余个。码头上装卸繁忙，热闹非凡。十六铺逐步形成南北货、农副产品和水产品的集散地，也是老城厢最繁华的商业区。沿岸仓库商号林立，集中了银楼、棉花、绸缎、绣品、皮货、参茸、药材、木器、京广杂货、洋货、海味、南货、腌腊等店铺，童涵春国药号、万有全腌腊店、协大祥、宝大祥、信大祥棉布店、老饭店、德兴馆、老同盛南货店等一批名店先后应运而生；形成了洋行街、咸瓜街、油车街、花衣街、竹行街等一批行业性街市，城隍庙成为小商品和吃用俱全的综合性市场，杂货小铺星罗棋布，遍及大街小巷。随着商业的繁荣，金融业也逐步兴起。康熙年间，在十六铺、洋行街、豆市街、花衣街一带，钱庄业开始发展，到乾隆年间鼎盛，有82家之多。至光绪三十一年（1905年），南市老城厢一带有当铺50余家，其中资本4万元以上的就有10多家。还有大量小押店，遍及全市，达600余家。各地商贾云集，老城厢出现"以敦乡谊，以辑同帮"为宗旨的会馆公所组织，最多时达百余个，商船会馆、潮惠会馆、三山会馆、四明公所等在上海经济活动中曾产生很大影响。

老城厢"物华天宝，人杰地灵"。据县志记载，自元至清代考上进士的上海籍人士有279人，其中位高学问大的有徐光启、陆深、董其昌、潘云端、顾从礼等。出生于城厢太卿坊的明代学士徐光启，20岁中秀才，42岁中进士，官至礼部尚

老城厢1900年前后老照片（项慧芳供图）

书,对中国的数学和农业生产的发展贡献卓著,对西学东渐影响深远。家住城厢东门的陆深,是明代著名的书法家。出生于城厢的董其昌,从小得艺术熏陶,能书擅画,堪称二绝,明代云间画派兴起,有巨擘之称。到清代,在城厢有最早引入西洋画法作画的著名画家吴历,有教育家翁藻、张焕纶,思想家冯桂芬、王韬,数学家李善兰、华蘅芳和化学家徐寿等。清末民初,李平书,发扬自强救国、锐意改革精神,首创地方自治,拆城墙,筑马路,建水厂、电厂,兴学校,办医院,对南市老城厢乃至上海的社会政治、经济、文化的发展,起着重要的作用。文人喜园,许多文人在老城厢兴建私家园林,如明代三大名园:潘云端的豫园、顾名世的露香园、陈所蕴的日涉园。也是园、半淞园、吾园、省园也曾名噪一时。

1843年,上海开埠,并逐渐形成"三界四方"的奇特格局。起初"华洋分居",租界和华界是相对独立的两个区域。小刀会起义后,老城厢遭到巨大破坏,走向没落。与此同时,城厢内外以及江浙的大批富户迁往租界躲避,大批企业资金转向租界,租界得到空前发展,上海城市重心北移,始有"南市""北市"之说,并逐渐演变为地域习称。从人口分布看,至1910年,两租界的人口已占上海总人口的48%,如果加上广大的越界筑路地区,则租界人口已超过一半。此时的上海,无论是政治、经济(包括商业、工业、金融等),还是文化方面,重心都在租界。因此,清末的上海,主要部分已不在清政府的直接控制之下。象征清政府的苏松太道和上海知县的衙门设在县城,其外交、海关意义大于行政意义。

租界地区的繁荣,刺激了老城厢的发展。租界市政建设先进、整洁、卫生,中国人集聚的华界落后、逼仄、肮脏,极大地激发了华人的爱国主义情感。上海地方自治运动由此兴起。拆城墙,填浜筑路,学习租界先进的城市治理机制、引进先进的科技,创造了华人历史上的若干个第一:第一家军工企业江南机器制

1937年上海市（老城厢）地图

造总局、第一家发电厂南市电灯厂、第一家水厂上海内地自来水公司、第一家电话局、第一家民族航运企业轮船招商局、第一家民办轮船公司大达轮船公司、第一辆中国创办的电车……20世纪20年代以后，随着人口的增加，民族工业的兴起，商业的发展，南市老城厢及其周围地区也兴建了不少工厂、商店、学校等建筑，交通、供水、供电等市政公共设施相继得到发展。

然而，1937年"八一三"淞沪战争爆发，一切都戛然而止。日军对老城厢狂轰乱炸，烧杀抢掠，大批住房、工厂和公共设施被毁，老城厢变成一片瓦砾场，残垣断壁，满目荒凉。随着一批批难民不断涌入上海，流入南市，被炸后的废墟上，草棚简屋如雨后春笋般涌现，连成一片又一片棚户区。至上海解放，老城厢人口稠密，道路狭窄，交通拥挤。住房大多是陈旧建筑，棚户、"滚地龙"随处可见。市政设施落后，许多地方几十户人家合用一个水龙头，有些甚至还饮河浜水。与租界"孤岛"的畸形繁荣相比，华界，尤其是老城厢，则成为贫穷、落后的代名词。

新中国成立后，上海重点推进工业化等基础建设，老城厢面貌基本延续一种稳定态势。受计划经济体制的影响，小商品贸易发展受到束缚。很长一段时间，上海老城厢依旧是遍布着一条条拥挤的弄堂和一些小型手工业作坊。

改革开放以后，老城厢经过两次重大改造，街区面貌、经济结构、社会生活方式发生了较大变化。确立以豫园商城为中心的商贸批发、旅游、休闲为一体的老城厢支柱产业；市政基础设施完善，棚户区大量减少，绿化、道路、设施大量改观，呈现一派全新的面貌。

迄今为止，老城厢是上海地域风貌和建筑风格保持最完整的老城区。2002年，上海划定44片历史文化风貌保护区，老城厢以传统寺庙、居住、商业、街巷格局等地域文化为风貌特色，被划定为历史最悠久、最具本土特色的上海历史文化

老城厢的石库门群

风貌保护区。

今天的老城厢,从周边的高楼俯瞰,大片低矮老房,一个个老虎窗倨傲地昂着头,周围高层住宅环伺,远处是著名的陆家嘴天际线。一边是脆弱的文化遗产,一边是亟待改善的居住环境,老城更新面临两难局面。与此同时,老城厢成为人口密度最密集和人口变动最大的老城区。20世纪80年代以来,房地产业兴起,老城厢社区大量中青年人口陆续离开老城厢,而大量中青年流动人口则同时流入老城厢,几乎形成了人流对冲态势。据统计,在老城厢2平方公里土地上,生活着20万常住人口,人口密度为上海城区之最,也为老城厢人口密度历史之最。约8.5万来自全国各地的流动人口在老城厢地区工作、生活、居住。他们支撑了老城厢地区绝大部分经济和商贸活动,成为老城厢地区主要的经济主体和消费主体。在老城厢户籍人口(指常住人口,不包括户在人不在的人口)严重老龄化情况下,流动人口逐步成为老城厢社区重建(社会学意义上的,而非行政意义上的)的主要参与者和城区创新参与者。在历史的不经意当中,老城厢社区已经改变,社区关系已经重构。与上海其他中心城区相比,老城厢公共设施水平仍相对落后,"手拎马桶"、瓶装液化气、煤球炉还在普遍使用,令人揪心。老城厢经济社会发展水平与上海其他中心城区相比还有一定的差距。

老城厢是上海人的"乡愁"。讲好老城厢故事,挖掘老城厢文化价值,追溯上海城市起源,从而更好地保护与更新老城厢,对于上海延续城市文脉、留存城市记忆、承载时代精神、建设江南文化、海派文化、红色文化"品牌",打造全球城市,具有不可或缺的重要作用。

本书图片主要来自于项慧芳的《上海老城厢、龙华与徐家汇寻旧》,在此,我要特别感谢项慧芳女士。

云中上海

夜幕下的老城厢

新北门外马路东侧景象

石库门中的老外

九曲桥、湖心亭与远处的上海中心大厦

晚清湖心亭

民国时期的四明公所照片

四明公所今留存下红砖白缝的高大门头

豫园茶楼

豫园元宵灯会夜景

目 录

城 厢 史 话

Chinese city, Shanghai.

上海城墙的兴与废

上海有两条特殊的马路，论路龄不过百年，论繁华远不及南京路、淮海路；然而论前世，它们则是上海从普通江南水乡到城厢，再到都市的变迁见证者。从空中鸟瞰，两条马路在黄浦江西侧首尾相接成了一个圈，宛如上海市中心一枚硕大的"钻戒"，最耀眼的"钻石"便是大境阁。这两条马路便是"人民路"与"中华路"。

官民共筑"城墙"抗倭

因"无（城墙）遗址可因""无草动之虞"，上海自元初立县后260多年间，一直四通八达，没有修筑城墙。至明代中叶，上海人口稠密，成为发达的商贸中心，屡遭倭寇劫掠骚扰，损失惨重。明嘉靖三十二年（1553年），上海县决定修筑"雉堞巍峨""金汤之固"的城墙以防卫倭寇的袭扰。

说起修筑上海城墙，就不得不提首议筑城的顾从礼。顾从礼出生在当时上海县城内赫赫有名的官宦之家。明嘉靖三十二年（1553年），倭寇入侵上海县时，时任光禄寺少卿的他即上疏筑城，当即得到当时松江府方廉的支持，筑城经费一部分由官府拨给，另一部分为地方人士自筹。一时捐款踊跃，顾从礼个人也捐粟4000石，修筑了小南门城墙。

上海官民众志成城，仅用三个月，一座新城池在黄浦江边拔地而起，改变了上海县建县二百多年来没有城池的历史。城墙周长九里，高二丈四尺。初建的

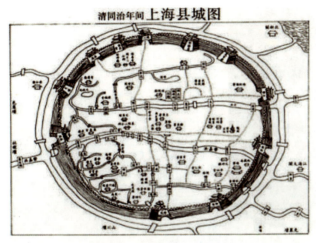

选取自清同治《上海县志》

当代上海老城厢——大境阁、中华路、人民路所在位置，当年城门走向仍然清晰可辨

1884年点石斋老上海地图老城厢部分

清末民初小东门

晚清小北门(拱辰门)照片,旁
为大境阁关帝庙(晚清日本侨民
制作的明信片)

清末俯视晏海门(老北门)护城河上的木
桥(日本横滨 Kanamaru 明信片)
(本页图片由项慧芳提供)

上海县城墙，辟有六座城门，即朝宗门（大东门）、宝带门（小东门）、朝阳门（小南门）、跨龙门（大南门）、仪凤门（西门）、晏海门（北门），还建有四座水门；城墙上建有万军台、制胜台、振武台以及20余个箭台；沿城墙开挖有护城河。城墙筑成后，有效抵御了倭寇侵袭，保障了上海官民安全。"城外为廓，廓外为郊"。城墙以内叫作"城"，城外人口稠密，有一定经济活动的区域才称之"厢"，于是上海县城以及周边经济发达的区域被统称为"老城厢"。

"江皋霁雪"与"凤楼远眺"

明万历年间，倭患平息，上海县城安宁。有士绅倡议，将城墙附近的庙宇搬上城墙，使之成为人们祈神和休闲之处，于是城墙上就有了"殿、台、楼、阁"。"殿"是前面所提的大境阁关帝殿；"台"是今新北门丽水路口的振武台，又叫镇海楼，明嘉靖三十七年（1558年）建，后改庙宇，供奉真武大帝，遂称真武台；"楼"是万军台上改建的丹凤楼；"阁"是制胜台上的观音阁。在城墙上的"殿、台、楼、阁"中，最负盛名的就要数大境阁关帝庙与丹凤楼了。

大境阁关帝殿始建于明万历年间，最初是一座结构精巧、造型别致的抱厦式三层楼阁。清嘉庆二十年（1815年），改建成三层高阁（即今日之阁）。清道光六年（1826年），两江总督陶澍登阁观光，亲题"旷观"；清道光十六年（1836年），两江总督陈銮题字"大千胜境"，此为"大境"之由来，从此大境阁关帝殿名声大振，冬日雪后登上大境阁，远眺吴淞江南岸，银装素裹，映衬丽日蓝天，蔚为壮观，遂成为当时"沪城八景"中的"江皋霁雪"。

而丹凤楼早在南宋就有，是当时天后宫内的一座楼，上海镇市舶司使陈珩为其书匾，然而至元末楼毁匾存。明万历初年，有人建议将丹凤楼重建于万军台

1900年前后大境阁关帝
庙和北城城墙旧照组图
（本页图片由项慧芳提供）

清代所绘丹凤楼图

1853年前东北城墙万军台上
的丹凤楼与黄浦江畔的江海
大关上下相望（项慧芳供图）

上,并将陈珩之匾额献出。由于丹凤楼是"殿、台、楼、阁"中最高的一座,登楼远眺黄浦江、端午登高观赏大赛龙舟的最佳地点,于是"凤楼远眺"就被列为"沪城八景"之一。

"南市"的由来

尽管城墙与城门为保障上海的安全起到了很大的作用,但终究抵挡不住西方列强的坚船利炮。1843年,上海开埠,英、美、法列强纷纷在上海建立租界,并且短短的几年内租界的发展大有取代上海老城厢的趋势。因为当时中国习惯将县下面人口密集并有固定商业集市的地方叫作"镇"或"市",加上租界位于上海老城厢之北,所以当时上海人便将租界称为"北海"或"北市"(今黄浦区),而位于"北市"(租界)之南的老城厢则被叫作"南市",正如民国三年(1914年)版《上海指南》所讲:"十六铺以北各国租界统称'北市';十六铺阴暗地方则曰'南市'。"实际上当时的"南市"并不等同于"老城厢",而狭义地指十六铺以南的黄浦江西岸商业街区,久而久之,"南市"约定俗成地成为上海老城厢的代名词了。

清咸丰、同治年间,太平天国运动席卷全国,上海也爆发了小刀会起义,上海县城被义军占据。小刀会起义失败后,上海老城厢的城墙残垣断壁,满目疮痍。清廷为重修城墙,就以资敌的嫌疑逼迫当时上海老城厢赫赫有名的"沙船世家"郁泰峰出资修葺。当时清廷为了镇压太平天国运动,又与列强勾结,英、法军入上海县地助防时,为方便军队及炮车的出入,将北城墙轰开个大洞。太平天国运动被镇压后,这个大洞被修建为城门,李鸿章提议取名"障川门",又叫"新北门",原来的北门则改称"老北门"。

新北门外马路东侧景象

新北门外这道城壕,便是华界和法租界的界线,开埠之后,此门日益热闹(晚清日本侨民制作的明信片)(本页图片由项慧芳提供)

新北门外"露天通" 通事在古代是官名,传递信息者;
露天,即无办公室(项慧芳供图)

士绅联名"拆除"城墙促发展

上海开埠与租界设立,城墙越来越成为上海老城厢发展的障碍,不少有识之士提出拆除上海老城厢的城墙。清光绪三十二年(1906年),县绅姚文栅等以"上海一隅,商务为各埠之冠,而租界日盛,南市日衰……拆去城垣,环筑马路"上书道台,当即得到道台袁树勋的积极支持。袁树勋上书两江总督更力陈拆城好处:"拆城筑路,非惟无弊,且有四益。就城基改作马路,东西南北环转流通,外而南市沿浦,内而西外门一带马路,可以联络照应,一也。清理城内河浜,填筑马路数条,徐图扩充收效,二也。填河应筑大阴沟,可将城砖代用,有余更可修沿河破岸,三也。房地市价增长,民情振奋,收捐以办善后,事能持久,四也。"

晚清上海县城
方浜水门

昔日城墙拆除
拓路场景

拆城墙的倡议刚提出不久,便遭到顽固的士绅强烈反对。顽固派们串联一气,组织了"城垣保存会",或"遣人持籍四出,迫令居民签名,以为抑制";或借报端散布"拆城之时机未到,而城墙乃有保全地方、消弭隐患之作用"的舆论,甚至多次联名致电两江总督,坚决反对拆城;甚至出现"拆城派"与"保城派"互用报刊攻讦对方,还经常发生两派在街市上对阵斗殴,"保城派"竟扬言要对"拆城派"飨以城砖。然而,拆城之倡议毕竟得到政府和大多数市民的支持,"保城派"不得不接受折中办法——在保存城墙的前提下,"多辟城门,以利交通"。于是再辟三个城门,即尚文门(小西门)、拱辰门(小北门)以及福佑门,在辛亥革命爆发前,上海老城厢共有十个城门。

清宣统三年(1911年),辛亥革命的一声枪响,腐朽的清王朝终于落下帷幕,上海光复。姚文栅等人看到拆除上海老城厢城墙的曙光。于是再次联名上书给时任沪军都督府民政部长的李平书,当即得到批准。李平书大声疾呼:"今日时机已至,欲拆则拆,失此时机,永无拆墙之望矣!"

很快为拆除城墙而设立的"城壕事务所"在大境阁关帝殿成立了。当时的拆城墙并无精准的定向爆破,也无强力的大型破拆机械,只有人力锤镐、手工钎凿,以及四野乡民的锄头铁搭。当时拆下的砖瓦当即用于填入早已废弃的护城壕沟,填筑了今天的人民路(当时为"法华民国路",1949年后更现名)、中华路。而大境阁关帝殿这段城墙因当年设立的"城壕事务所"而意外地保留下来了。

从兴到废,上海城墙走过了350多个年头。现如今,唯有大境阁一段残存的城墙,还可以让我们触摸这段历史。然而,上海人不舍老城墙,墙拆了,名字被沿用了下来,老西门地铁站,老西门街道等,时刻提醒有心人去探寻名字背后的故事。

当代的大境阁

昔日江南水城

老城厢有着江南水乡的肌理,是上海江南文化的滋生地。据史料记载,县邑浜渠密布,桥梁纵横,河岸民宅、店肆日益增多、扩大,河滨船埠林立、商店栉比,一派江南水乡风貌。

老城厢的河流

然而,形成上海纵横发达的水系网络,还是要从上海的母亲河"吴淞江"(苏州河)说起。吴淞江属太湖水系,自古是太湖主要的泄洪道之一,因此,历代对吴淞江的治理都极为重视。古代上海就以吴淞江为东西轴线,形成了境内"浦、塘、浜、泾、港"等纵横交错、发达的水系网络。当时,上海的旧城围仅有9华里,面积仅有1.5平方公里,城内多以"浜""泾"为通名的小河流联系城内外。当时上海老城厢主要的河流有肇家浜、方浜、侯家浜、福佑浜、薛家浜等,因此,在上海老城厢出现水门也就不足为奇了。

在这些流经上海老城厢的河流中最大的要数肇家浜了,是上海老城厢主要的外河。它从今天的徐家汇附近引蒲汇塘水,向东进入县城,再沿复兴东路从东大门处出城,向东流入黄浦江。肇家浜是当时上海重要的运粮内河,开埠前,沿浜的商业繁荣,是上海老城厢外的繁华地段之一。然而,上海开埠后,法租界的建立导致肇家浜的命运发生重大改变。一方面,法租界大兴土木,导致肇家浜上游严重淤塞,另一方面,肇家浜地处华洋交界,沦为"两界共不管"河浜,上海城

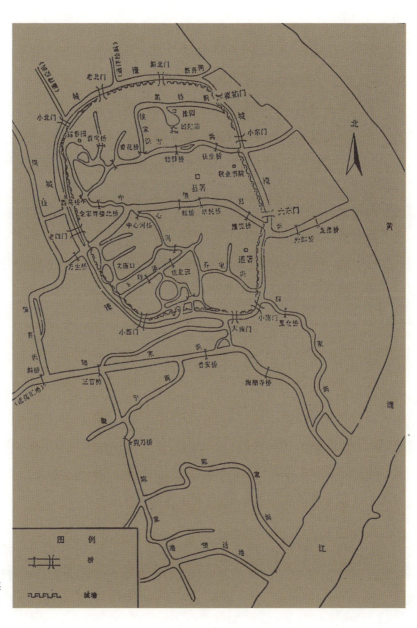

开埠之初上海
老城厢的水系

市的快速发展，到了19世纪后期，肇家浜不仅失去了航运的功能，还成了上海有名的"棚户区"和"臭水沟"，上海解放后，填"浜"筑路，改造成为今天的肇嘉浜路，将徐家汇与老城厢再次连接起来。

另一条是方浜，老城厢主要的内河，是今天的方浜东路与方浜中路，即是清末填平方浜而筑成的马路。历史上的方浜"从中香花桥北流，名侯家浜，北折而东，过北香花桥、安仁桥，至福佑桥而止"，侯家浜亦在清末填河筑路成了侯家路和福佑路，从中可知方浜的走向——沿方浜向西，一支流到西城墙下，另一支在现在的侯家路处向北，又在福佑路处向东，河流形成一个方形，故名"方浜"，这是上海老城厢内重要的水系之一。

老城厢的"渡口"

上海老城厢位于黄浦江西侧，是上海县的治所，浦东浦西往来皆要越过宽阔的黄浦江。以前，黄浦江上既无桥梁，也无过江隧道，唯有船渡。因此，上海老城厢的东门外沿江有不少的渡口。据史料记载，至清代，在黄浦江上与上海老城厢有关的渡口至少有二十五处，清代上海著名士绅秦荣光曾记录："沿浦各渡，西自儿语泾起，历韩昌、沙冈、彭家、巨漕、横泾，折北有邹家、高昌、南仓、北仓、永济、张家浜、老白杨家、关桥等共二十五处，按：横泾有东、西两渡，在闵行镇。……北仓今名董家渡"，然而现在大多不存而被人遗忘，到现在为止最为人所熟知的便是董家渡了。

董家渡，旧名"北仓渡"。清嘉庆《上海县志》记载，当时有一董姓家族居住在北仓渡一带，而这里的渡工大多是来自这个董姓家族的人，他们首先改进了渡船，提高了摆渡的效率，老城厢的人争相来此摆渡过江，久而久之，"董家渡"便

光绪《上海县志》"上海城厢铺保图"

十六铺米市

十六铺码头鸟瞰（日侨明
信片公司制）

在德国印刷的民国初年十六铺地区景
象（Young Photo Co.）
（本页图片由项慧芳提供）

逐渐取代了"北仓渡"。

老城厢东门外的这些渡口,逐渐形成了沿岸的码头,因出入旅客集中,促使了这个地方的商业繁荣。咸丰十年(1860年),为防御太平军,上海道建立军民联保联防的商业团防体系,将上海城厢划分27个铺进行治安行政管理。当时,这块地方划入"城东区十六铺",从东面到黄浦江,西面直至今天的王家码头路,都是上海老城厢主要码头的集中地和商业最繁华地段,当时上海的货客轮大部分停靠在十六铺码头,甚至当时人们上街购物也讲"到十六铺去"。光绪三十二年(1906年),以"铺"为单位的军民联防制度被取消,然而"十六铺"因名气过大,约定俗成地成为地名而被保留下来,并沿用至今。即使从现在的地图看十六铺,还可以看到以各种码头命名的道路街市,如新码头街、利川码头街、会馆码头街、丰记码头街、油车码头街等,可见当年十六铺的繁荣程度了。

老城厢的路名

上海老城厢内有路、街、坊、里、弄等大街小巷数百条。经纬交织,阡陌交通,大路连小街,大街穿小路。街上有坊,弄中有里,弄通里,里通街,街通路。这些道路连接了老城厢内的桥梁,恰似一幅江南版的《清明上河图》。

当代上海市的道路命名法则大多遵循南北向道路以省份命名,如四川路、江西路、河南路等;而东西向道路则是以城市命名,如宁波路、北海路、南京路、汉口路等。然而,老城厢的路地名的规则却别有一番趣味,大体有以下四种形式。

首先,是以地域、机构所在地位特征命名的路地名,如梦花街、沪军营路、旧校场路、老道前街、巡道街、粮厅路、药局弄、"一湾三弄"等;其次,是名人、名居

1884年点石斋老上海地图老城厢部分，绿色为现在道路名称
（项慧芳供图）

及重要事件为特征命名的路地名,如迎勋(北)路、先棉祠街、施相公弄、蔡阳弄、瞿溪路、乔家路、艾家弄、障川路、国货路、三牌楼路、四牌楼路等;还有是以行业、商业、服务业为特征命名的路地名,如馆驿街、洋行街、大码头街、花衣街、咸瓜街、豆市街、会馆弄、江阴街、徽宁路、萨珠弄(杀猪弄)、东西钩玉弄(狗肉弄)、商船会馆、梨园公所、荷花池弄、鲁班殿等;另外,尚有以文化、园林、宗教为特征命名的路地名,如半淞园路、吾园路、梓园、也是园、聚奎街、城隍庙、小桃园清真寺、董家渡天主堂、书隐楼、九亩地、黄泥墙等,不胜枚举。

至今,老城厢仍有乔家弄、方浜路等30多条风貌道路和街巷,"小街、小巷、小园林、小建筑"的江南水乡肌理特性依旧,充分展现了上海对传统文化、西方文化的接纳与融合力,也滋养了开放、包容和灵活的城市形态。

话说老城隍庙

"到上海不去城隍庙，等于没到过大上海。"城隍庙在上海有着特殊的文化地位，不仅是信仰空间，也是集文化、商业、娱乐为一体的上海市民公共活动空间，更是上海人心中不可替代的文化符号。

全国仅有的"一庙三城隍"

所谓"城"即是城墙，"隍"则是护城河，城隍庙便是地方上的土地神。上海城区的城隍庙历史起步较晚，南宋末年形成和设置上海镇，到了元至元二十九年（1292年）升格为上海县，当时的上海县尚无自己的城隍庙和城隍，仅依惯例，上海县隶松江府，于是便在县治（今天的老城厢）之西建了个"松江府城隍行祠"，据记载，"庙有井味淡"，又被叫作"淡井庙"，这个便充当了当时上海的城隍庙。

然而，这时的上海已是航运贸易的重镇，海上作业风险极大，人们迫切希望能有一位得力的神明来保佑海上作业的安全以填补上海没有自己的宗教偶像，于是便将当时镇守金山的镇海潮的霍光请了进来，并在县治附近的方浜建造了"霍光行祠"。

到了明初，朱元璋下令，县以上的行政区必须建城隍庙，同时他又封了上海人秦裕伯为上海城隍老爷，此时，上海总算有了自己真正意义上的城隍庙和城隍老爷了。说起这个城隍老爷，他与朱元璋还有一段有趣的故事。秦裕伯是北宋名臣秦观的八世孙，当时秦姓家族是上海的望族，秦裕伯又是"江南名绅"，官声颇佳,元末农民起义军不少首领便想拉他做官,均遭到他的拒绝。等朱元璋略定中原,建立明朝后,屡屡诏秦裕伯出仕。在朱元璋的威逼下,秦裕伯只得赴南京"受事不受职",对此朱元璋耿耿于怀,于是在洪武六年(1373年)秦裕伯去世后,朱元璋便以"不为我臣,死当卫我土",亲自敕封秦裕伯为"显佑伯",称"上海邑城隍正堂"。

不过俗话说得好,请神容易送神难,上海县城原先已有在此坐镇多年的霍光神了,是无法送走的,于是按照中国礼仪惯例"新鬼大,旧鬼小",到了明永乐年间,在方浜霍光行祠旧址重建城隍庙时,新建的城隍庙前殿供的是霍光神,后殿供城隍正神秦裕伯。中国绝大多数的城隍庙只设一位城隍老爷,然而上海城隍庙却有两位城隍老爷,当时就流出了上海"一庙二城隍"的说法。但是这还没完。1937年,上海市民从宝山的"陈公祠"请来了鸦片战争中在吴淞炮台壮烈战死的江南提督陈化成的神像供奉于大殿后进,体现了上海抗争不屈的精神,这样上海城隍庙又变成了"一庙三城隍"的奇特景象,这在中国是绝无仅有的。

"庙园合一"的城隍庙市

明永乐年间修建的上海城隍庙规模并不大,后来经过历年的重修和扩建才形成了一定的规模。当初,城隍老爷居二殿,皂隶公差等塑像都在大殿、二殿的穿廊中,后面还有三楹寝宫,西厢为城隍夫妇燕房之室。明嘉靖十四年(1535年),又在庙门口建造了牌坊,额上题"保障海隅"四字。

清代以后,上海城隍庙的占地相当大,其中包括庙宇建筑和城隍庙花园。当年老城厢显赫一时的地标——豫园早已破败不堪并即将被分块出售,上海绅商们猛然意识到,如此下去,豫园将被蚕食,昔日"城市山林"风光将彻底不复存

保障海隅（顾歆豪摄）

在。于是，"乾隆二十五年，邑人相与醵金购其地，仍筑为园，以仰答神庥"。豫园土地全部被买下后，委托上海城隍庙代管，豫园成为城隍庙的庙园。清乾隆年间，又在城隍庙大殿西和庙园南造了雷祖殿、斗母阁、玉清宫、罗神殿、岳王殿等。此时，上海城隍庙已经超过百亩。

以前，上海城隍庙的庙市是受日期和时间限制的，允许摆摊的场地也并不大。然而，上海的开埠以及时局的动荡，使得城隍庙小商品市场开始了

晚清上海城隍庙
前的摊贩

清末老城隍庙
内景
（本页图片由项
慧芳提供）

松动。

咸丰三年（1853年），太平天国占领南京后，江浙一带的富豪绅宦纷纷逃难至上海，他们为了生存，便在豫园城隍庙的侯家浜一带抛售细软，于是逐渐形成了现在侯家路一个做字画、玉器、红木家具等生意为主的地摊市场。同治四年（1865年），在小刀会起义被毁的霏玉轩的原址上重建的四美轩茶楼楼下便集中了侯家浜的地摊市场。

城隍庙和豫园几经严重破坏，当时重修的呼声日益高涨，然而工程浩大且资金无着，地方政府决定将豫园划分给各同业公所，令各自筹款修复。据清光绪初年（1875年）统计，当时进入豫园的豆米业、糖业、布业等工商行业公所有21家之多。

各行业公所负担了豫园的重建、修复和维护工作。修缮一新的豫园虽然名义上是城隍庙的园林，但实际上变成了被分割的公所园林。有些公所追求经济利益，便将老建筑改建成房屋出租盈利，甚至划出空地让小商贩们设摊叫卖。从此，城隍庙豫园内的茶楼、酒馆相继兴起，商贩丛集。

很快，那些以前在弄堂口补碗的、箍桶的、捏面人的、代写书信的、变戏法的、拉西洋镜片的、拔牙的、算命的，以及卖特色小吃如年糕团、蟹壳黄、酒酿圆子、臭豆腐、烘山芋、热白果、沙角菱、梨膏糖、馄饨等的皆蜂拥而至，各种商铺鳞次栉比。"庙市财神爷"在城隍庙霸气嚣张，而宗教、文化的气质则黯然收敛。

光绪十九年（1893年），上海知县王承暄募捐头门、二门、辕门大殿以及戏楼鼓亭等；次年，又由漕运颁悬"保厘苍赤"的匾额，余地出租，造屋设铺，开创上海城隍庙集商业、游览、园林和宗教的体系，并且繁荣至今，俨然成为上海大都市中的"江南旧市"。

民国初年的春风得意楼及周边的集市摊档

凤凰涅槃后的"城市名片"

自鸦片战争以后,内忧外患相乘,中国进入了百年动荡,上海城隍庙也是步履维艰,屡遭兵燹和火患。道光二十二年(1842年),英军占领上海县城,驻军城隍庙,庙内被破坏一空。咸丰三年(1853年),上海县城爆发小刀会起义,城隍庙再次遭受兵荼。咸丰十年(1860年),太平军进攻上海,清军勾结英法共同剿灭,城隍庙更加破败不堪,豫园景致破坏殆尽。

因遭三次兵燹后,上海城隍庙损失巨大,当时上海知县王宗濂、巡道应宝时先后于同治四年(1865年)、同治七年(1868年)捐修城隍庙,之后恢复生气。1922年,城隍庙发生大火,由公款公产处负责重修。1924年,城隍庙举行中元巡会时不慎失火,后大殿全部烧毁。两年后重建,由公利打样公司设计,久记营造厂承包建造,全部是钢骨水泥的仿古大殿,辉煌壮丽,为上海前所未有。1938

1924年老城隍庙大火及扑火的场景。当时有报道称"宫殿遭厄禄 狂飙走烛龙"

年，上海城隍庙成为难民区，接受无家可归的难民入庙居住，庙内再次遭受重大劫难。待上海局势略微稳定以后，难民方才逐渐离开，城隍庙才恢复部分香火。

新中国成立后，上海市政府开展对城隍庙的整治工作，城隍庙获得了新生。改革开放以后，政府对老城厢进行重大改造，重点改造城隍庙、豫园商城，理顺各大批发市场、旅游与老城厢的发展关系，确立以豫园商城为中心的商贸批发、旅游、休闲为一体的老城厢支柱产业。经过改造，城隍庙得到全面修葺，最终形成目前由仪门、大殿、元辰殿、慈航殿、财神殿、城隍殿、娘娘殿、父母殿、文昌殿、关圣殿等组成的庙宇殿堂布局。同时，商业业态升级换代，集中了著名的豫园商城和众多珠宝老字号、银楼老字号、以童涵春堂为代表的中药材批发以及以福佑商厦、福民商厦、福佑门商厦为代表的小商品城等业态，形成了包含老城隍庙、豫园观光及特色美食、购物为一体的最富有江南味道的城隍庙豫园商圈。

如今，作为"长江三大庙"之一的上海城隍庙、豫园仍然是上海重要的商业文化圈，每年接待络绎不绝的中外游客，是上海重要的文化地标和城市名片。

老城厢的会馆公所

清初，上海已是商业中心和南北贸易之枢纽。乾嘉时，"（老城厢）南市十六铺以内，帆樯如林，蔚为奇观，每日满载东北、闽广各地土货而来，易取上海所有百货而去"，各地商人咸聚沪城经商定居。为了乡亲之间交往和同行联络，建立一种"以敦乡谊，以辑同帮"为宗旨的集体组织，于是会馆公所便诞生了。同乡相聚之处多称"会馆"；同业会集之处多为"公所"。

老城厢的会馆、公所按地域划分，如宁波、绍兴、山东、泉州、广东、潮州、四明、三山、苏州、徽宁、江阴等三十余馆；按行业命名的公所，如沙船业、镌刻、钱庄、米豆、粮食、渔业、棉花、布业、花押业、药业、木商、油麻、梨园、珠宝等共147所。同乡会馆多集中于当时上海县城东、南门外工商业繁华之地。同业公所多集中于当时上海县城内邑庙旁侧东西两园。由于这些会馆或公所是由旅沪的工商业者发起组织的，于是老城厢产生以会馆命名的"会馆码头""会馆弄""会馆街"等。许多街坊和路面也以行业命名，如糖坊弄、硝皮弄、面筋弄、篾竹街、豆市街、草鞋湾等。

上海最早的同乡会馆是清顺治年间成立的关山东公所；最早成立的行业公所是清康熙五十四年（1715年）成立的商船会馆。鸦片战争以前，上海"阛阓居奇百货盈，遐方商旅满江城"，至乾隆、嘉庆年间，老城厢又先后建立了泉漳会馆、潮州会馆及浙宁会馆等。由于商业贸易的需要，豆业、布业、钱业等行业组织急需在上海寻找商业活动、集会议事的地方。当时，修建一新的城隍庙、豫园成为他们最佳的首选场所。

　　早在康熙年间，沪地布业就以豫园内得月楼作为议事场所。乾隆年间，豫园重建时，各类行业公所更是堂而皇之地"入驻"。根据史料统计，从乾隆三十二年（1767年）到上海开埠前，先后有七家行业公所占据城隍庙豫园各亭台，如青蓝布业以湖心亭为址，香雪堂为肉庄业公所，晴雪堂为钱业公所，飞丹阁为京货帽业公所，萃秀堂为饼豆业公所，点春堂为花糖洋货业公所，等等。

　　鸦片战争以后，清道光二十二年（1842年）至咸丰十年（1860年），城隍庙地区先后遭遇三次兵燹，破坏严重。同治四年（1865年），为重修城隍庙，官府便借助财力雄厚的行业公所，分摊修园的费用，各行业公所"乘机"入驻，同治七年

东城门外的会馆街（项慧芳供图）

（1868年），"入驻"的行业公所已达21家。这标志着庙园的地产可由各业公所自由使用和管理，这也成为城隍庙地区日后演变为永久性"邑庙市场"的重要外因之一。

　　在这些众多的公所会馆，最早建立的行业公所——商船会馆，是上海"因水而兴"的最佳见证。清康熙初期，清廷厉行"海禁"，上海的海运业一度衰落，康熙二十四年（1685年），清廷决定"弛海禁"，上海海运业又再次活跃起来。当时，主导上海海运业的是本帮沙船业。由于海运业日趋繁荣，船商之间的经济纠纷、摩擦频繁发生，甚至还出现互相斗杀。为了调节同行纠纷，平均同行利润，距离"弛海禁"后仅三十年（1715年），上海本帮船商联合起来在董家渡马家厂组织了"商船会馆"。道光初年，因漕运衰落，清廷开始重视海运，上海沙船业迎来了"黄金时期"，同时期商船会馆在上海各行业会馆中的地位达到顶峰。据不完

晚清上海的闽广沙船（项慧芳供图）

全统计，道光年间上海已有沙船七千条以上，有"半城"之称的郁森盛号主人郁泰峰1855年单独捐数十万两白银重修上海城墙，上海沙船业资本实力之雄厚可见一斑。

但19世纪70年代以后，洋务运动领袖李鸿章在沪创办轮船招商局，新式的蒸汽货轮取代了老式沙船，上海沙船业很快衰落下去，商船会馆龙头老大地位被其他行业会馆所取代。1989年上海市徽便是以"扬帆航行的沙船"造型来设计的，肯定了历史上沙船为上海早期的兴起和发展所做出的不可估量的贡献。

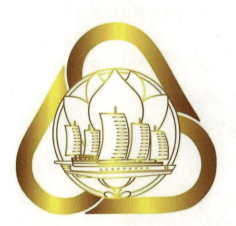

上海市徽

明清时，上海"因棉而兴"。清秦荣光《上海县竹枝词》曾曰："自田植木棉（棉花）多，而邑民食米，常仰苏、常及长江上游等处。然一旦来源或断，是诚大可忧危之事也。"可见，棉花不仅是上海大宗经济作物，而且推动了上海经济的发展。

清道光二年（1822年），上海棉花业商人购小南门外"圣贤桥东梅家弄小武当余地"成立了"花业公所"。花业公所是上海最大的棉花交易市场，上海出口的棉花大多在此成交运往外埠。上海开埠后,西方洋布进口严重冲击了本土手工棉纺织业和纺织品市场,上海花业公所及其市场日益萧条,但是上海原棉的出口贸易却日益上升,成为上海重要的出口商品之一。于是,在原花业公所北面形成了以外贸为主的原棉市场,以后此处被叫作"花衣街",而这个市场被叫作"花业公所北市"。今天三山会馆里陈列的上海北市花业公所的石质司码秤就是当年的遗迹。

1929年1月,《申报》刊登《社会局拟议上海市花》,并初步圈定三种候选花卉:莲花、月季和天竹。前两种是传统中国著名的"文化之花",莲花"出淤泥

而不染,濯清涟而不妖",月季"只道花无十日红,此花无日不春风",天竹虽非名花,但是四季常青,繁茂异常,象征意义也相当不错。可是,到了4月份评选结果揭晓,却是大出意外。收回的一万七千多张选票中,压倒大多数、得票最多的居然是——棉花,得票5496张,远远领先于第二名莲花的得票3366张。可见,上海历史形成的"棉花情结"从侧面反映了棉花以及花业公所对上海经济发展的历史贡献。

在三山会馆里陈列的上海北市花业公所的公秤
(项慧芳供图)

　　商品经济的繁荣,大大刺激了老城厢金融业的发展。乾隆年间,上海的钱庄业已经形成相当规模的独立行业。乾隆四十一年(1776年),钱业即于城隍庙东园设立公所。据《钱业承办祭业各庄名单碑》,上载乾隆四十一年(1776年)起承办祭业的钱庄仅有25户,嘉庆二年(1797年)增加到124户,足显上海钱业发展之迅猛。另一方面,当时的钱业与沙船业、豆米、土布等业的发展关系密切,根据道光二十一年(1841年)的告示碑记,表明当时上海钱庄生意或买卖豆麦花布等,皆凭银票往来,或到期转换,或收划银钱,钱庄所出的庄票用途广泛,可见,钱业在各行各业的影响渗透与日俱增。

　　上海租界形成后,小刀会起义和太平天国进攻上海,老城厢的钱庄为避战火,逐渐迁入租界,逐渐形成了南、北两个市场。光绪二年(1876年),上海共有钱庄105家,其中北市63家,占60%;南市42家,占40%。钱业分南北市后,逐渐形成各自的同业组织,但总公所还是设在内园,以统筹南北钱业共同问题。1922年,北市钱业公所在宁波路建立上海钱业公会办公楼后,钱业总公所的活动便告结束。钱业公所见证上海金融业早期的发展和繁荣,打下了上海日后成为金融中心的最初基础。

　　老城厢历史上的会馆公所不仅促进了上海近代工商业繁荣,还为上海日后建设法制化、规范化的民间工商团体打下了基础,会馆公所是上海城市近代化不可忽视的记录。

上海的四大书院

　　书院是中国古代民间教育机构。开始只是地方教育组织,最早出现在唐朝,正式的教育制度则是由朱熹创立。当时,由富商、学者自行筹款,于山林僻静之处建学舍,或置学田收租,以充经费。宋代,书院发展达到高潮,形成了白鹿洞、岳麓、嵩阳、应天府等闻名全国的四大书院。

　　上海书院的历史起步较晚,清代有长足发展,比较著名的有蕊珠书院、敬业书院、龙门书院和求志书院四大书院。

敬业书院

　　上海最早建的书院。清雍正朝,清廷推行严厉打击天主教的政策,宣布"天主教为劝人为恶之宗教",下令取缔所有的天主教活动,驱逐外籍传教士,全国所有的天主教教产一律充公。因此,当时上海天主教教产被上海地方官府没收。其中部分空地被建为关帝庙。清乾隆十三年(1748年),在上海道翁藻和上海知县王侹联合倡议下,择关帝庙旁地建申江书院,作为"举贡生童,月课文会之所"。申江书院历年扩建和重修,到乾隆三十五年(1770年),上海道杨魁又拨道库银重修,并将其命名为敬业书院,取典《礼记》:"一年视离经辨志,三年视敬业乐群。"

　　鸦片战争失败后,清廷被迫承认天主教为合法宗教,同时还将当年上海天主教教产陆续归还教会。清同治元年(1862年),敬业书院从老天主堂旧址迁至老文庙的废址上重建。由于敬业书院是当时上海县的最高学府,同治十年(1871年)还在这里设立考棚,每年春秋各举行考试一次,以后上海县出的秀才都在这里通过考试。

光绪三十一年(1905年),清廷宣布废止科举制度。光绪二十八年(1902年),敬业书院改组为敬业学堂,1913年又改组为上海县立第一高等小学校;1923年开办初中,改称上海县立初级中学;1928年改称上海特别市立敬业中学;1929年增设高中普通科和师范科,成为全日制中学,改称上海市立敬业中学。

1937年"八一三"淞沪战争,敬业中学遭日军火炮轰炸。上海沦陷后,汪伪政权计划着手接管学校,全校师生坚决反对和抵制,于是将原来的"市立"改为"民办",并改名"南方中学"继续上课。抗战胜利后,"南方中学"恢复原名"市立敬业中学"。同时,上海市政府在文庙路200号(文庙对面)和江阴街99号(被日军炸毁的民主中学原址)重建学校,其中文庙路校址为高中部,江阴路校址为初中部。新中国成立后,敬业中学被教育局列为重点中学。1960年后,又在尚文路73号原龙门中学校址重建新楼。作为一所百年学校,历届师生中著名的有冯桂芬、朱学范、乔石、薛驹、王子平、陶百川等。

冯桂芬(1809—1874),晚清思想家、散文家。字林一,号景亭,吴县(今江苏苏州)人,曾师从林则徐,林则徐称他为"百年以来仅见"的人才

龙门书院

龙门书院为上海中学的前身。清同治四年（1865年），上海道丁日昌在蕊珠书院湛华堂创办，初创仅请山长（书院的主持人）讲课，起初规模不大。两年后，丁日昌调任两淮盐运使，新任上海道应宝时又购买吾园废址重建，才使龙门书院形成更大的规模。吾园也是上海老城厢著名的私家园林之一，因此，龙门书院与蕊珠书院相似，也是从私家园林中发展起来的。

龙门书院

说起吾园，原来是"邢家别业"，后来为上海富绅李筠嘉所得。李筠嘉幼年丧父，由母亲抚育成人，后来李筠嘉做了光禄寺典簿，就为其母建了旌节牌坊，"坊在城西南，中为园，曰吾园。"吾园景色宜人，"峰峦错叠，古木参差，颇惬观赏。内有带锄山馆、红雨楼、潇洒临溪屋、清气轩、绿波池诸胜。"李筠嘉去世后，家道中落，于是吾园又为杨氏富商买下。道光初年，江苏巡抚陶澍巡视上海，见黄道婆祠破烂不堪，下令重建。杨氏闻讯当即"分李氏吾园之半以为祠"，将原来吾园的一半建造新黄道婆祠，即先棉祠，光绪三十二年（1906年）先棉祠毁于火灾；另一半则于1867年建龙门书院。

应宝时在龙门书院建成后所撰的《龙门书院记》中写道："惟南园（蕊珠园）地少，不足以容学者，因择李氏吾园而营建焉。计所建讲堂学舍凡四十一间，用银九千六百七十两有奇，皆潮州郭郎中学玩所捐……工筑之兴始于三月二十日，至九月二十日落成。"

光绪三十年（1904年），上海道用汤寿潜的提议，并获江苏巡抚的批准将龙门书院改组为上海道立师范学堂。李钟钰、姚文楠为校董，并派沈恩孚、袁希涛等赴日考察师范学校教育方法和制度。以后该学校参照日本师范制度，本科分甲乙两部，甲部学制五年，乙部学制三年，相当于现在的师范本科生和大专生，同时将经学并于国文，另设算学、历史、物理、化学、博物、英文、日文、体操、游戏、图画、手工等科，并置仪器，创辟操场，是中国较早的新式师范学堂。宣统元年（1909年），该学校又改组为江苏省立第二师范学校；1927年，取消师范，更为江苏省立上海中学，1932年，迁至上海县老沪闵路吴家巷，即今日之上海中学。原龙门书院的校址即被房地产商收购，建龙门新村。

龙门村现状（顾歆豪摄）

蕊珠书院

蕊珠书院创办于清道光八年（1828年），其前身为也是园内的蕊珠宫，故名"蕊珠"。

乾隆年间，也是园几经转手，为道士所得，并在园内建造了一个名为"蕊珠宫"的道观。由于道观是宗教开放场所，于是也是园的蕊珠宫也是当时上海居民经常光顾的地方，知名度越来越高。据《玉海》记载，宋天禧年间在皇宫里建造了一幢名为天章阁的藏书楼，专门收藏当朝皇帝的御集和御批，在天章阁东西两侧各建群玉殿和蕊珠殿，其中蕊珠殿是皇帝宴请大学士的专用场所。于是，上海的蕊珠宫也被视为科考入榜的祥兆，尤其是每年的八月中秋节，妇女们到这里

蕊珠宫

烧香斗,祈祷夫君或儿子科举金榜题名。清代诗人秦荣光曾诗曰:"中秋赏月竞开筵,月饼堆盘月样圆。礼斗香还烧大斗,南园向最盛香烟。"南园即是也是园,可见当年也是园蕊珠宫的香火之鼎盛。

当时署理上海道的陈銮游览了蕊珠宫,他感于当时蕊珠宫环境之优渥,于是建议将蕊珠宫改建为蕊珠书院。蕊珠书院的建置与一般书院不同,规定每月一次选敬业书院的优等生36名到这里上课,并交月课一篇,由上海道或知县评定后取前18名,并由上海道或知县亲自上课。以后蕊珠书院逐步扩大范围,每月取72名敬业优等生来月课,从中选拔前36名留院上课。能入蕊珠书院的学生伙食一律免费,同时书院还拨若干膏火(即津贴,原意是指夜读的灯光费补贴),以资鼓励。

小刀会起义与太平军攻打上海县城时,蕊珠书院的教育活动一度中断,战后恢复。清同治十二年(1863年),著名朴学大师俞樾在蕊珠书院设"朴学斋",主讲经学。清光绪三十一年(1905年),清廷宣布取消科举制度,蕊珠书院改组为师范传习所,这是上海地方政府最早创办的县立(当时上海还是县)师范专科学校。进入民国,师范传习所停办,蕊珠书院成为政府办公的地方。1927年上海特别市成立,蕊珠书院成为上海市土地局机关所在地。

1937年"八一三"淞沪战争,蕊珠书院连同也是园毁于日军炮火,所有建筑与文物荡然无存。如今在老城厢空余"也是园"之地名来纪念这一段已被尘封的历史。

求志书院

求志书院是上海四大书院中创办时间最迟、规模最小的一个书院,但其影

响未必小,地位未必比其他书院低,据《光绪上海县续志》中记载:

> 求志书院,在县治东南漕仓之右,光绪二年巡道冯焌光捐建厅楼房屋五十余间。分置经学、史学、掌故、算学、舆地、词章六斋。置备书籍,延聘斋长,按季命题课试。本拟招生住院,肄业略仿龙门。

求志书院是上海道冯焌光于清光绪二年(1876年)创办。与其他书院不同的是,求志书院除了设与科举考试相适应的经学、史学、词章课程外,还另设掌故、算学(数学)、舆地(地理学)等与科举考试不相关的自然科学等课程,同时,各科为之独立的"斋","斋"设"斋长",独立管理,因此,求志书院实际上已经具备了近代学校的性质。

书院培养目标是让学生参加科举考试,所以,学生除了通过科举考试走上仕途外,对社会的适应能力很差;而新式学校是以培养学生适应社会、服务社会为目的,学生毕业后就业面宽,适应社会能力强。近代以后,上海已经成为对外通商的大都市,社会亟需的是可直接为社会服务的技能型人才,而不是死背书的"书蠹头"。求志书院正是顺应了上海如此之社会大变革所产生的直接产物,比传统书院有了更大的优越性。在求志书院建院后,"三十年,远近风兴起(仿行者有宁波办'志文会')。"光绪三年,冯焌光在求志书院逝世,"诸生奉冯祀位于中楼",人们敬冯焌光为近代教育事业之先驱,在求志书院内供他的牌位以纪念。

在龙门书院改办师范学堂时,求志书院当即停办。校址一度作为上海警察学堂。1912年,求志书院旧址暂由群学会借用,创办群学会附属义务小学,其南部另一部分空地则由新建的市立仓基小学校借用。

文庙与旧书市场

文庙

文庙是中国古代祭祀孔子的地方,叫作孔庙、夫子庙等。在中国的封建社会里,长期实行科举制度,以孔子为代表的儒学是科举制度中必读和必考的经典。所以,文庙在历史上也往往是地方的最高学府和教育领导机构。府一级的文庙就被叫作"府学",县、镇一级的文庙则被叫作"县学""镇学",而统称为"学宫"。过去,规定县以上的行政区必须设立文庙,所以中国历史上到底有多少处文庙恐怕就难以道其详了。

上海最早的文庙可以追溯到南宋景定年间。当时,上海已经设镇,上海士绅唐时措、唐时拱昆仲出资建造了供孔子像的梓潼宫,并建造了一个"古修堂"教授学生,这就成为当时上海的"镇学"。到了元代,上海升格为县之后,元元贞元年(1295年)真正意义上的上海县学落成了,然而新建的县学质量不佳,仅几年后就发生建筑倾斜。于是,重新择地重建文庙。不过,后继的官员以为新址风水不佳,于是又重新回到梓潼宫原址拆除重建。

之后,上海文庙历经重建和扩建,并形成一定的规模。清康熙年间,上海文庙建筑发展到最大规模。文庙大门朝南开在今学院路上,除了棂星门、大成殿、尊经阁、明伦堂、魁星阁等文庙规定的建筑外,一进大门有宽敞的甬道,甬道树有宣化坊(原名宣教坊)、崇礼坊(原名惠政坊)、泽民坊、集庆坊(原名集议坊)四座石牌坊,还有"蕉石堂、酸窝、洗心亭、天光影池;有片洲,有止庵,有杏坛,有

上海官学

1911年前上海文庙的侧门（上海Kuhn & Komor明信片）

孟子神像

上海县的日晷应该是在孔庙里摆着的（Denniston & Sullivan1900年前后的明信片）（本页图片由项慧芳提供）

当年被小刀会造反毁掉的老文庙门前，大概就是这个样子（图为南京文庙）

上海的文庙应该是"四周缭以垣"，前又有牌坊（图为晚清民初嘉定文庙）

从大门外看上海新文庙的奎星阁（摄于晚清）（本页图片由项慧芳提供）

盟鸥渚，舞雩桥，苍松翠竹，森森并秀；有所为养贤堂、致道斋、育英斋、三友轩、射亭、观德堂，及东西号二十二"（康熙五十八年《重修县学记碑》），俨然是一座城市园林。

清咸丰三年（1853年），上海知县袁祖德在文庙举行隆重的丁祭仪式时，小刀会乘机发动起义，并攻占了上海县城。义军领袖、广东帮首领刘丽川即以文庙为指挥部，组织和领导义军反清斗争。咸丰五年初，清军在英法列强的配合下大举进兵镇压，文庙被夷为平地，全部建筑和景点毁坏殆尽。起义被镇压后，上海知县认为原址已经不适合重建文庙，于是选址西门内原游击右营署废址重建，并于咸丰五年（1855年）动工，次年竣工。咸丰十年（1860年），太平军进攻上海时，新文庙一度作为洋枪队的兵营，文庙的大部分建筑又遭到破坏。之后虽然重修，但规模和质量已远不如初。

光绪三十一年（1905年），清廷下令取消科举制度，文庙的作用和地位日渐式微，但春秋两季的祭孔活动仍然照常进行，直至1919年五四运动，才被彻底终止。1930年，当时上海教育局在文庙内创办上海市立流通图书馆；次年又在庙内开沟挖地营建文庙公园，并创设文庙动物园。1936年，上海市政府在此创办上海民众教育馆。上海解放前夕，上海文庙的格局与建筑基本破坏殆尽了。

新中国成立后，上海市人民政府先后拨款重修文庙。20世纪八九十年代，又对文庙进行大规模的修缮，初步恢复原貌。2002年，文庙被公布为上海市文物保护单位。

文庙旧书市场

1986年，文庙自发成为上海最重要的旧书集散中心，曾一度占据上海书刊

文庙现状（顾歆豪摄）

批发市场将近九成的份额。1993年,有人提议上海可以开办类似塞纳河边"十里书市"那样的旧书集市,提议当即得到各方的赞同。经过对文庙自发旧书市场的规范和整顿,上海文庙旧书市场每周日便与公众见面,并延续至今。

起初,文庙旧书市场的摊位都是用粉笔划出来的,从棂星门入口到大成殿门口,院子里、回廊上,几乎被一个挨着一个的书摊占满,人挤人,好像连脚都没地方放了。客流量最高时达到八九千人,250个摊位供不应求。那时全国做旧书生意者,不管有没有来过上海文庙,肯定都知道它的存在。此时的文庙似乎成为另外一种文化符号,继续发挥着自己的文化能量。

文庙旧书集市除了早上七点半的书市外,在文庙四字牌坊正对面的方斜支路上,还有一个短暂的小市场,便是传说中的"鬼市"。半夜两三点摆摊,早上七点左右撤摊消失。看似充足的时间,摊位却没那么充足。很多摊主两点就来找地盘,因为一旦来晚了,就根本没有摆摊的地方。

为了能淘到好书,淘书客们自然不轻松,各自铆足劲,不仅要经验丰富,一眼识别出好书、有价值的书,还要站得稳,速度快。当书商"哗啦"一下把书倒在地上,淘书客一边抵住后方涌动的攻势,捍卫自己的一角,一边从书堆认出自己要的那本书,并以最快速度从书摊中抓出来拿在自己手中,真正做到眼疾手快。

书摊主与书友大多是旧相识,面对书友询价,好的书,摊主会先报一个相对高价,书友便开始挑刺,此时博弈便开始了,心理战也悄然展开,双方的专业在这时便开始展现。询价、还价、喊着行话,一块、八毛,讨价还价。如果书友给的价钱不符预期,议价的理由不充分,摊主便会不再出价,书快速进入下轮出价,其他书友大致了解摊主的心理价位,感兴趣者会拿捏好价位,立马出价拿下。这已经成为上海文庙书市标志性的场景了。

在互联网电商的冲击下，如今的文庙书市，已然归于平静，只留下区区90个摊位，大多数还是固定的老商户。淘书客三三两两，重要的已不是买书，而是对淘书文化的怀旧、体验。

历 史 风 云

nghai-Hangchow Railway Station.

上海开埠与《土地章程》

1842年8月29日，清朝政府钦差大臣耆英、伊里布与英国代表璞鼎查在停泊于南京下关江面的英舰皋华丽号上签订中国近代史上第一个不平等条约《中英南京条约》。条约第二款规定："自今以后，大皇帝恩准大英国人民带同所属家眷，寄居大清沿海之广州、福州、厦门、宁波、上海等五处港口，贸易通商无碍。且大英君主派设领事、管事等官住该五处城邑，专理商贾事宜。"这就是上海开埠的条约依据。1843年10月8日订立的《中英五口通商附粘善后条款》(简称《虎门条约》)，又对此做了具体解释。

1842年12月1日，英国驻华公使、侵华英军全权总代表璞鼎查任命巴富尔为驻沪领事。乔治·巴富尔(George Balfour，1809—1894)被任命时，时年34岁。巴富尔14岁入伍，原在印度马德拉斯陆战队，官至上尉，这次有幸奉调参加第一次鸦片战争，并被璞鼎查慧眼相中，命运发生重大转机，摇身成为外交官，可谓志得意满。同时被任命的其他成员有：翻译麦华陀(W.H.Medhuart，著名传教士麦都

英国第一任驻沪领事巴富尔

思之子,日后成为英国第九任驻沪领事),外科医生和助手海尔(Frederick Howe Hale),职员斯托拉钦(A. F. Strachan)。

1843年11月8日,巴富尔以英国领事身份登陆上海。次日清晨,他便派人给上海道台送上求见的禀帖,随后,乘上道台派来迎接的轿子,带着随员一起进入上海县城,苏松太道宫慕久率文武随员为其举行欢迎宴会。11月10日,宫慕久礼节性回访巴富尔。随后,两人就开埠问题开始了长达两年的马拉松谈判。

巴富尔与宫慕久讨论的首先是领事馆选址问题。宫慕久表示,县城内已经十分拥挤,找不到房屋,建议巴富尔到城外租房。翻译麦华陀认为,宫慕久制定的是出于上海地方政府的既定政策,其目的是把外国人安排在郊外,以便监视。麦华陀看得很准,宫慕久主张领事馆设在城外,一是为了监视,二是为了减少麻烦,三是出于惯例。当时上海的惯例是,来沪外省人的行会都被安排在城外,英国人也是外来者,自然应该在城外。巴富尔不满意这种安排,强横地表示,他将自寻房屋,如果找不到,宁愿到城里庙宇的庭院中搭建帐篷居住和办公,也许会搬到某位官员的家里去住。巴富尔一行极其不快地离开衙门,然而走出不远,一位姚姓商人(广东人,在沪经商)主动搭讪,表示可为他们提供一处宅第。巴富尔参观了这处房子,宽敞精美,当场决定下榻于此。洋人初住上海,吃饭、喝水、穿衣等一举一动都有人围观,房东趁机卖票赚钱,巴富尔与房东协商,杜绝参观,但房东在院子里的一个小房间住下来,类似警署,监视他们的行动。1844年2月,英国人从一个姓顾的人那里在大东门西姚家弄租到一处房屋,名敦春堂,坐北朝南,院子里有四幢两层楼房,上下共52间,有水井、厕所,押金640两银子,巴富尔比较满意。

1843年11月14日,巴富尔发出告示,通告英国人领事馆已设立,馆址位于东门和西门之间城墙附近的一条街上,并宣布上海将于11月17日开埠,所有条约的有关条款,均于次日生效。宫慕久在洋泾浜北设立西洋商船盘验所,征收进口货税,并募选商人,开设银号,收纳税饷。

开埠以后,租地一直是困扰上海道台和英国领事和侨民的重要问题。《南京条约》《虎门条约》对通商、居留有具体要求,但对租地没有具体规定。怎样才能占有这片土地,把它建成实行英国法律统治的一块英国人居留地呢?焦点集中在如何占有上。巴富尔提出"土地卖绝",遭到道台拒绝。宫慕久虽不懂什么法律,但也明白国家领土之内的土地是坚决不可以随便卖与他人的。巴富尔还曾向璞鼎查建议通过英政府向中国政府购买土地,然后转让给英国商人,因无条约依据而中止。但早期来沪的英国商人纷纷自行"租地",1844年4月,大鸦片商颠地(Lancelot Dent)向中国业主租了近14亩土地,怡和洋行、和记洋行等均在黄浦江边租地。由于租地范围、方法、价格等没有统一规定,出现了不少矛盾和冲突。

经过两年的磋商,1845年11月29日,宫慕久用告示的形式,公布了他与巴富尔商定的《上海土地章程》。告示本无标题,英国领事在向本国政府上报时将其称为"Land Regulations",日后便被称为"地皮章程""土地章程"或"上海土地章程"。

《上海土地章程》不仅仅是上海租界的根本法,也是全国各租界辟设和制定相关制度的基础和依据,对中国租界史都影响深远。章程共23条,对租地的范围、租金、界碑,租地内华人坟墓,租地范围内道路建设与维修、市政、治安管理、房屋修缮,洋人生养死葬、商铺开设等内容都进行了详细规定。

关于租地范围,最早的英租界选址在洋泾浜(今延安东路)以北、李家场(今北京东路)以南、黄浦江以西范围内,西界初未写明,1846年9月24日议定西面以界路(今河南中路)为界,面积约830亩。选址县城以北,黄浦江滨,同

上海租界地图

时满足了中英双方的愿望。从上海地方政府来说,这里地处城外,溪涧纵横,芦草丛生,农耕价值不高,又比较荒僻,便于华洋分隔。从英国方面来说,这里地理位置极佳,滨江,开阔,利于贸易,有发展前途,也是璞鼎查早就看中的区域。

《上海土地章程》明确了"华洋分居",治安管理权归上海地方政府等原则。若按照这个原则发展下去,租界只是中国租赁给外国人的居留地,地皮的主权仍属中国,行政权、司法权仍属于中国,不会出现"国中之国"的局面。但英国人绝非如此简单，在章程第22条为以后的修订预留了道路，"将来如有应行更正，另须商议，或意思不明，以及须用新立字样，均应随时会同酌定"。这就有了后来土地章程的三次重要修改，租界的性质一步步发生变化。

1853—1855年，上海发生小刀会起义，大批华人涌入租界，1854年初，租界已有华人两万多人，难民乱搭棚屋，给市政管理、城市卫生造成极大麻烦。对此，英国领事、租界当局起初都持反对态度。但英国商人对此持欢迎态度，因为这么一来，商业繁荣了，房地产生意大有可为，石库门等联排里弄住宅由此发展起来，造就一大批富商巨贾。租界从华洋分居变为华洋杂居，对上海城市发展走向影响深远。日后上海的繁荣，很大程度上是以此为基础的。

在此情况下，土地章程必须随之修改，租界性质开始发生变化。1854年7月11日，英法美三国领事在租地人会议上通过土地章程修订案，他们认为这是租界内部事宜，事后通知中国官府。1854年的《土地章程》混淆"更夫"与"警察"的概念，并开始允许华人在租界内居住，为租界当局组建警察队伍，实现"华洋杂居"提供了法律依据。以此为依据，1854年以后，租界成立了武装力量"万国商团"，行政管理组织"工部局"，设置巡捕，这几项结合起来，租界便由先前的外侨居留地，变成了自有管理机构、自有武装、中外混处而中国政府权力难以鞭及的特殊地方。

1866年，租界当局又自行修改"土地章程"，同样没有上海道的参与。尽管如此，此时的中方官员已无暇顾及，新章程在租界仍以根本法施行。此次章程修改的主要内容在于扩展租界工部局的权限，增加工董人数，赋予工部局征税权，设立"会审公廨"，趁机夺取了中国政府在租界的司法权，擅自在领事法庭上审讯租界内的中国居民，租界彻底沦为"国中之国"。

在公共租界大量越界筑路后，原章程的租界范围已不适用，1899年，再次修

会审公廨

订《土地章程》，将时有的租界范围重新修订在章程中。

　　通过对《土地章程》的三次重大修订，租界的面积大大拓展，性质也发生了根本转变，这是一个极其复杂、多重因素共同作用的结果。其中，有列强的巧取豪夺，有清政府的颠顸昏昧，也有一些偶然因素，如小刀会起义等。无论如何，上海就这样成了远东第一大商埠，冒险家的乐园。这座昔日小县城，一跃而为"东方巴黎""东方纽约"，成了中国开放、中西文化交流的前沿阵地。

道台衙门与江海关

民国以前，上海县、松江府的最高行政长官是"分巡苏松太常等地兵道"，简称"上海道"。清雍正八年（1730年）始设上海道，首任道台王澄慧，至宣统三年（1911年）末任道台刘燕翼，历时182年，共80位道台。

鸦片战争之前，上海道的主要职责包括：监督地方行政、维持地方治安以及兼理海关。但鸦片战争以后，上海道的职责进一步扩展：办理地方外交、从事洋务运动。上海道在中国近代历史上有着举足轻重的影响力，《上海土地章程》与建立上海租界、"借师助剿"镇压小刀会起义与太平天国运动、兴办江南制造局、设立会审公廨、建设吴淞铁路等中国近代重要历史事件中都能看到上海道的身影。时代交替中的上海道既是"传统的士绅官宦"，又是"温和的近代化者"。

巡道街与金坛路

雍正八年（1730年），首任上海道王澄慧到任。到任后，他新建巡道署，"乃于（老城厢）城之东南隅，相度设官廨舍，兼买民地一十四亩有奇，改建公廨一百五十间"，规模颇为壮观。巡道署大门朝南，门前马路叫作"巡道前街"，其西侧的马路叫"巡道右街"。

小刀会起义时，巡道署成为义军攻击的首要目标，时任上海道台吴建彰还没来得及逃跑而成为义军的"阶下囚"，后来在英国殖民者的周旋下，吴被救出，但巡道署却毁于战火。小刀会起义被镇压后，巡道署被重建。辛亥革命爆发，陈其

辛亥革命爆发
次日的苏松太
道署

上海巡警总局
（本页图片由项
慧芳提供）

上海市第四批优秀历史建筑：金坛路35弄集贤村（顾歆豪摄）

美与李平书也率领商团攻打巡道署，由于巡道署卫队早已被李平书收买，几乎没开枪就占领了巡道署，末任道台刘燕翼被迫下台。民国建立后，巡道署改作警察厅，原巡道前街更名"警察厅路"，1964年以谐音"金坛"（江苏省地名）为路名。

上海道台轶事

开埠后的上海，华洋共处，中西文化交融、碰撞的前沿，上海道自然成为晚清官宦中最先"放眼看世界"的官员。他们亲眼看见"泰西制造之巧""中西礼俗之异点"〔上海道台陈其元（1812—1882）《庸闲斋笔记》〕。西学东渐之下，"师以夷技以制夷"风行一时，"李爵相（李鸿章）请建江南制造局""奏开轮船招商局"等一系列自强求富运动，上海道成为实际操办者，从他们中间走出了近代重要的实业家如丁日昌、聂缉椝等；近代最早的一批外交家如刘瑞芬、龚照瑷、蔡钧等，他们在上海留下的活动痕迹，恰恰是上海近代化的一个侧影。

光绪七年（1881年），英租界率先使用电灯，清末《上海杂记》记述当时的情形："黄浦滩一带，及大马路，四、五马路繁盛处十字街头，皆矗立高柱，装电气灯，照耀如一轮明月，戏院中亦用此灯。"道台邵友濂以"电光会焚屋伤人，使用电灯将遭雷殛"，通知租界里的中国商户不准用电灯，"以免不测"。

光绪二十三年（1897年），道台蔡钧和知县黄爱棠商议"参照租界办法创设电灯"，向英商怡和洋行租借一台蒸汽发电机，在十六铺老太平码头空地上创办南市电灯厂。1898年1月21日（除夕）晚上试灯，黄爱棠率官员前往观看，但见"电光大放，九衢四达，几疑朗月高悬"。次日晚，从老太平码头至公义码头沿浦滩30盏琉璃路灯一起放亮。当时有竹枝词云："电灯地火照更深，海市居然不夜城。四达通衢同白昼，红男绿女逐宵行。"从此，"不夜城"成为上海的代名词。

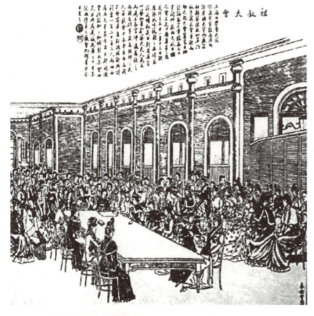

西式舞会现场(晚清点石斋画
报绘)

清代画家吴友如曾作《豫园宴乐
图》，描绘道台刘瑞芬在豫园宴请
德国皇孙海因里希亲王共赏昆曲
的场景

　　光绪二十三年（1897年）正值慈禧太后63岁生日，道台蔡钧别出心裁地以"西式舞会"的形式为老佛爷庆生。《申报》记述："昨日为皇太后万寿圣诞，普天同庆，率土胪欢。凡泰西人士之旅居沪上者，亦以懿德所敷，恩周遐迩……"；最著名的英文报纸《字林西报》（*North China Daily News*）《上海道台跳舞会记》称，"蔡道台之莅任，我西人闻之，咸欢欣鼓舞。……（人们）无不称羡跳舞场之安置得益也。……中国重视洋务以来，对西方人彬彬有礼。蔡道台深谙西方礼仪，使我们西方人乐于与他接触，他也不强调以中国礼仪来束缚西方人。"蔡钧曾出使西欧诸国，深知外交官日常交际对国家外交的重要意义。蔡钧这"与时俱进"的做法冲破了中国士绅官宦的传统观念。法国记者点出"要义"："夫以中国大员而设舞会娱宾……故能以西人之所尚，除中国之官气，毅然行之，不以为难。蔡道台敢于破除中国旧习，是一个极有胆识的人。"

　　"亦官亦商"是近代上海道台另一大特点。道台袁树勋就任上海道之前，官

袁树勋与朱葆三

运平淡无奇。但是,他结交上海巨富朱葆三后,官场便平步青云,如鱼得水,上海成为袁树勋的福地。

朱葆三与同乡叶澄衷并肩称为上海滩的"五金大王",精明能干,头脑灵活。据赵之羽撰写的《"五金大王"朱葆三学英语也是很拼的》一文记载,朱葆三是个很有心计的人,他从当时的大生意人身上看到,要想将生意做大做强,一定要结交官场。朱葆三找的这个靠山就是道台袁树勋。据说,为了达到与袁树勋休戚与共的关系,朱葆三还"忍痛割爱"推荐自己的总账房同时也是莫逆之交的顾晴川担任道台衙门的会计员兼出纳司库。

朱葆三的卖力也得到了丰厚的回报。在袁树勋任上海道台期间,清政府规定各通商口岸的关税必须统一解缴到上海,由上海道保管并按月结清"借洋债"的本息。袁树勋将这一庞大数目的银两全权委托给朱葆三处理。这可是相当大的一笔钱,官银的利息又低,朱葆三一下子就成了行业翘楚。全上海的钱庄老板眼睛都红了,天天聚在朱葆三的家里,不惜仰人鼻息,愿意给付巨额回扣,拼命想揽下这笔大生意。

朱葆三做事是有原则的。他没有滥用这笔钱,而是尽心尽力为清政府运营这笔资金。时间长了,袁树勋与上海金融界对朱葆三的人品与漂亮手腕都称道不已。当时的上海商界于是就有了"上海道一颗印,不及朱葆三写封信"的说法。

道台聂缉椝,曾国藩的小女婿,李鸿章在沪大办洋务时的得力干将,深感官场险恶,立下规矩:"聂家子孙再也不要做官",却造就了上海滩近代上海纺织业的一段辉煌。聂缉椝三公子聂云台(其杰)凭借其父在沪多年官场所积累的人脉,1909年盘下李鸿章领导创办的上海机器织布局,改组为恒丰纺织新局(恒丰纱厂),遂成为聂家主要产业。

经过聂云台制度改革和技术革新的恒丰纱厂,成为沪上纺织业巨头,聂云

聂缉椝、曾纪芬
结婚照

聂缉椝、聂云台
父子

台则被誉为"纺织界泰斗",成为上海实业界首屈一指的人物,聂家也成为上海滩的名门望族之一。

刘燕翼,光绪二十一年(1895年)入翰林院授庶吉士,纳入李鸿章麾下成为洋务派,标榜"自强求富",兴办"洋务事业",仿效西方"船坚炮利"的治国理念,进行"练兵制器"。清末宣统二年(1910年),刘燕翼接广东人蔡乃煌位任上海道道台,管理上海民政、财政(海关)、防务、外交(洋务)和近代工业(江南制造局、上海织布局)。

1910年10月,上海闸北曾发生了"鼠疫风潮"。次年8月,上海闸北再次发生鼠疫,工部局又在开封路等处竖立铅皮隔离围墙,影响百姓,来往民众不服,将围墙推倒,后经上海道台刘燕翼同意才建起了2米高的围墙。刘燕翼感到此事涉及华洋关系事关重大,遂调派与洋人打了七年交道,刚正不阿,洋人见了也敬畏三分的关炯之,任闸北临时防疫所坐办,直到上海光复,没有造成风潮。此事,刘燕翼被誉为有知人之明,选对了人。

刘燕翼离开道台府后,和曾是直隶总督的陈夔龙、商人庄德之合伙经营房地产。当时大光明电影院以西的同福里、庆福里都是刘燕翼的房产,计有二到四层楼石库门和新式里弄共四十八幢,八千多平方米。他还和无锡人杨翰西合作在无锡创办广勤棉纺厂,又在今普陀区新会路开办了一家棉纺厂,新中国成立后此厂改为纺织轴承厂。

民国以后,刘燕翼的前清遗情仍不减当年,要呼叫谁依然是吊高嗓子喊"来人哪——",下人要打千行礼喊"喳"才行。在上海的前清遗老陈夔龙(直隶总督)、程德全(江苏巡抚)、刘燕翼(上海道台)等十余人组成了一个"三八会",以农历逢三逢八日,每月六次在各家轮流做东聚会,相互之间均以"大人"相称,设宴抒怀旧时的朝廷情结,不谈政事共话衷曲。

江海关

上海道一项重要职责是兼理江海关。海关,历史上称之为"市舶司"。早在北宋宋徽宗政和三年,在今天上海华亭就设立了当时秀州华亭市舶司,此可谓上海海关之肇始。

清康熙中叶,天下大定,清廷一改原先厉行的海禁政策,宣布"弛海禁",在全国范围内设立四座海关,由北往南依次为上海的江海关、宁波的浙海关、漳州的闽海关和广东澳门的粤海关。由于这些海关是以所在省份简称命名来区别的,故江海关全称为"江苏省海关",加之上海历史上又隶属于江苏省。最初,江海关设在连云港云台山,后来迁移至上海松江,清康熙二十六年移驻到今上海老城厢小东门一带。江海关主要负责辖区包括当时江苏省境内所有出海口,从清乾隆二十二年(1757年)起,清廷宣布闭关锁国后,江海关只负责国内民船的贸易关税,直到第一次鸦片战争国门被欧美列强的坚船利炮轰开后。

1843年,上海开埠。1845年,根据中英《南京条约》和英国领事巴富尔的要求,负责征收外商进出口税务办理的机构迁移到今汉口路外滩,由于这个新关在旧关之北,故被叫作"江海北关",或"新关""北新关"等,也就是现外滩的海关大楼。而原来在老城厢小东门的江海关就被称为"江海南关""南关""大关""江海常关""常关"等。

1853年,上海县城爆发小刀会起义,江海南关遭到严重破坏。英、法、美列强乘机阴谋攫取了江海关的管理权,遂开外国侵略者直接管理中国海关的恶例,这也是中国沦为半封建半殖民地社会的技术性步骤,直到1949年5月27日上海解放,才宣告结束这段屈辱的历史。

图（上）：上海江海大关（南关）与晚清关桥（南关大桥）
下图（左）：光绪十九年（1893 年）建成的江海关
下图（中）：民国 16 年（1927 年）建成的江海关
下图（右）：外滩 13 号中西合璧的江海关大楼现状图

民国时期的外滩与江海关

点春堂与小刀会起义

鸦片战争以前，上海已是沿海、沿江航运的重要枢纽，洋货及闽粤货物皆在此转运，俨然成为"江南之通津，东南之都会"。繁荣的航运商贸吸引了大量闽粤籍客商、水手、手工业者等涌入上海，形成了上海开埠前的一次移民浪潮。

闽粤人士旅沪最早见于晚明清初。明末清初屈大均所著的《广东新语》曾曰："广州望郡，人多务贾与时逐，以香、糖、果、箱、铁器、藤、腊、香椒、苏木、蒲葵诸货，北走豫章、吴、浙，西北走长沙、汉口"；清雍正年间《东莞县志》记载："（东莞县）涉湖湘，浮江淮。走齐鲁间，往往以糖、香牟大利，故居人多富"；清南汇人杨光辅《淞南乐府》（淞南即苏州河以南，代称上海）描绘沪粤贸易的情形："淞南好，锁钥仰雄关，商货万樯通岭表。……淞南好，市价日高低，海舸贩来红木段。洋行收去白花衣，民瘦客商肥"；清嘉庆褚华《木棉谱》记述："闽粤人于二三月载糖霜来卖，秋则不买布，而买花衣以归，皆装布囊累累，盖彼中自能纺织也"，等等。这些形象地记录了上海与闽粤的密切联系，为日后上海的历史进程产生深远的影响。

19世纪以后，清朝日益衰落，各种社会矛盾不断激化，社会日趋动荡。尤其是1843年上海的开埠，沙船运输业、织布业等本土传统产业受到西方近代工业的严重冲击，大量闽粤籍水手、客商、手工业者等濒临破产、失业，加剧了社会的不稳定。1851年，太平天国运动爆发，很快蔓延到江南地区。1853年太平军攻陷南京，兵锋直指苏州、常州、上海等地。由于"沿海戍守单弱"，江苏、常州、上海等地一片不安和骚动。

时任上海道的吴健彰为防堵太平军流窜攻沪,当即招募乡勇以备不测。由于吴健彰是广东人,因此所募之勇,多为寓居上海的广东人,并由广东老乡刘丽川管带。说起这个刘丽川,早年加入广东三合会,"暗招军士";到过香港的洋行工作,粗通英文;之后来沪谋生,曾在小东门内康家弄开过烟店,还做过丝茶栈伙、糖业捐客、商场经纪人、夷商通事等,加上平时为人慷慨大方,使他在上海有了广泛的人际关系和声望,并且与洋人打交道有一定的基础,因此,颇受吴健彰的青睐,为"最信用之人","前次带领艇船赴镇江,已得蓝翎守备衔",甚至吴健彰还让他管理账目,这样,刘丽川事实上控制了吴健彰的财权和兵权。

1852年,青浦爆发了周立春天地会农民起义,鼓舞了上海县城小刀会起义的热情。小刀会是清代民间秘密结社,天地会的分支,乾隆年间创立于福建,成员多为农民、手工业者、水手、搬运工、城市游民,间有工商业主加入。据载:"盖小刀会有七党,闽广为五党,宁波、上海各为一党,恃勇好斗,聚众数千。而观察一岁所须军食,不过三万金,焉能厌其欲者,杯水舆薪,初可济乎!"上海小刀会领袖李咸池、陈阿林等便找到之前在糖业公所的老相识刘丽川密谋共同举事。刘丽川"稔知道署存银甚多",由于小刀会领袖之一的潘起亮尚在狱中,小刀会决定纵囚劫库。1853年9月7日,小刀会趁道台吴健彰丁祭(祭孔)之际,刘丽川等人率众突入县署纵囚,然后再往文庙将吴健彰等控制起来。吴健彰见状吓得两股颤栗,不敢多言,而知县袁祖德则苦口婆心劝义军投降,被解救出狱的潘起亮不耐烦地抽刀捅死了袁祖德。很快,小刀会起义军便占领了上海县城,并劫取了道库征存税银并捐项三四十万两。

起义当日,小刀会起义军等人便推举刘丽川为"大明国统理政教招讨大元帅",李咸池为平胡大都督,陈阿林为左元帅,总理军务,林阿福为右元帅,兼署上海县事。由于豫园内的点春堂是糖业公所的所在地,刘丽川、陈阿林等人曾经

劉元帥示

為諭禁奸牙居奇擡價事照得國為民本民為食止日食
三餐全賴米粮以養命上海本非產米全由鄰縣販運從
濟民食曾經本帥諭令未行照舊糶且正值禾熟
之時米粮價賤令訪聞有等奸牙故意擡昂米價以致小
民日食維艱殊深痛恨除密訪嚴辦外為此出示諭禁如
有此等居奇擡價奸牙務須改過倘經查出究辦恐難當
此重咎本帥不忍不教而誅也切弗視為具文

特示

小刀会首领刘丽川发布的告示

小刀会起义绘画

做过糖、茶生意,与糖业公所多有来往,于是点春堂就成为小刀会起义的总指挥所。在这里,刘丽川发出安民告示:"城厢内外,勿用惊迁。士农工商,各安常业。方今童君昏聩,贪官污吏,布满市朝。鞑夷当灭,明复当兴。""本帅已严饬部下兵丁,不得取民间一物,不得奸民间一女。违者重究,各宜凛遵勿违。"并且还与太平军取得联系。

起义军最初不过数千之众,短短几天内发展到数万人,原在青浦起事的周立春余部徐耀及周立春之女周秀英与上海县的小刀会起义军联合,一下攻破上海周边南汇、宝山等处,一度还攻入太仓。上海小刀会起义震惊了清廷,急忙诏令署江苏巡抚许乃钊率部镇压。由于小刀会起义军内部的分歧和矛盾,上海四郊各县相继为清军克复,起义军不得不困守上海县城,太平军也因清军的重重阻击,不可能驰援小刀会起义军。

而此时道貌岸然宣布中立、在一旁隔岸观火的英美法租界当局则趁机阴谋攫取更多的在华利益。1854年,江苏巡抚吉尔杭阿出卖江海关和扩大租界等主权推行"借师助剿"政策,与英美法列强签订"协定"九款,共同镇压小刀会起义。得到足够的利益后英美法列强便撕下"中立"伪装的外衣,法国侵略军头子辣厄尔甚至公开宣布"法军对叛军进入包围战争的状态"。英美法列强与清军紧密勾结,采取"按段筑墙,杜绝接济"的办法,隔断城内起义军的军需来源和外界的联系。在中外反动势力联合疯狂攻击下,小刀会起义军数次击溃清军与列强的进攻,但最终因众寡悬殊,弹尽粮绝,1855年2月17日起义军被迫弃城突围。突围激战中,刘丽川、陈阿林、徐耀、周秀英等相继牺牲。小刀会起义军一部在潘启亮率领下参加了太平军。历时17个月的小刀会起义被清廷和英美法联合剿杀了。上海县城暂时恢复了平静。然而仅数年之后,1860年太平军攻克苏州,之后乘胜攻打上海,清军又和英法美列强联合抵御,美国人弗雷德里克·汤

老城厢中的金家坊（顾歆豪摄）

森德·华尔组成洋枪队（后改为常胜军）阻击太平军，虽然华尔为太平军击毙，但最终无法攻下上海。

由于租界的关系，上海一时间成为最安全的地方，江南地区大量富豪商贾、文化人、百姓、手工业者等纷纷涌入上海租界以寻求庇护，不仅导致上海开埠后第一次移民浪潮，还打破了华界与租界之间"无形的墙"，最终形成上海"华洋共处，五方杂居"的社会生态。当时租界明文规定租界内不得建中式建筑，同时又不愿错失开发房地产赚钱的机会，于是一种以英国毗连式公寓与中国江南传统民居相结合的民居样式——石库门诞生了，这种新式住宅既符合当时租界当局的规定，同时也迎合了涌入租界华人的居住习惯和建筑的审美趣味。在这之后的半个多世纪里，石库门成为上海主要的城市民居样式，时至今日，石库门已经成为上海城市文化的符号之一。

虽然由"粤匪"发动的小刀会起义一度使旅沪粤人陷入低潮，但随着上海租界的兴起，旅沪粤人很快便东山再起，成为上海移民中极为重要的一支，人多、钱多、影响大。如徐润与他的同文书局开创近代中国出版印刷事业之先河，同时又与同乡容闳选派中国幼童官费赴美留学；广东人郭乐和郭泉兄弟、马应彪、李敏周、蔡昌在南京路缔造的四大百货巨头先施、永安、新新和大新等公司，开启了中国百货业的现代化；实业界巨子方举赞创办了中国第一家民族资本企业上海发昌电器厂，之后马玉山、郑伯昭和简照南、简玉阶兄弟等支撑起上海乃至中国的民族产业；撰写《盛世危言》的郑观应是中国近代最早具有完整维新思想体系的理论家，启蒙思想家；中国第一代电影导演郑君里、郑正秋、蔡楚生；以及遗世独立之影星阮玲玉、上海滩"翩翩飞舞"的影星胡蝶等奠定了中国电影事业之基础；由卢炜昌、陈公哲创建的精武体育会是中国近代体育史上历史最悠久，成立最早并有深远影响的民间体育团体，至今仍有世界影响力等，群星璀璨，流光溢彩,上海宛如旅沪粤人施展拳脚,一展抱负的大舞台。旅沪粤人所具有的敢为人先、勇于创新、开放的风气也早已融入上海的城市性格中。

清末粤籍人士欧渠甲著《新广东》评述粤人曰:"人才之出众。通商最早,风气最开。通外事而知内情者所在多有,办实业、兴制造、开报馆、开学堂、开学会、开国会,游学海外、议论国事、爱国爱种,无不由广东人发起,于是全国之事,几乎有广东人则兴,无广东人则废。"此诚为旅沪粤人之真实写照矣!

四明公所的反帝烽火

　　历史上，上海移民按地域分主要有广东"粤帮"、浙江宁波"甬帮"以及江苏"江北帮"等，其中宁波"甬帮"，开埠前在上海的糖业、沙船业就占下了地盘，还依恃其"过账码头"的财力，在钱庄业打下一片江山，势力仅次于旅沪的"闽粤帮"。

　　宁波位于上海之南，隔海相望，"襟山带海，地狭民稠，乡人耕读外，多处而营什一之利"。自清康熙"弛海禁"以后，宁波"甬帮"漂海进入上海，寓居经商。按照中国的传统观念，人死必须落土为安，客居他乡者如有能力更须落叶归根。由于"甬帮"大多各自独立为业，加之当时海上运输条件简陋，运送灵柩归乡十分困难。因此，清嘉庆二年（1797年），旅沪甬商钱随、费元圭、潘凤占、王秉刚等人发起集资，在北门外购地三十余亩，设寄柩厂、义冢和丙舍，"始行厝葬"，从事代理寄放有尸棺材，承办运棺回甬的业务。1802年，以宁波名山"四明山"正式定名"四明公所"。

　　1843年，上海开埠。1849年，法租界建立。1874年，法租界以筑路为由，要求四明公所出让部分土地，当即遭到公所拒绝。然而法租界无视设立租界时订立关于租界内原有坟地的规定，强行挖掘公所坟地，拆毁公所建筑。法租界的野蛮行径立刻激起旅沪宁波人和上海市民的强烈反抗。法租界不顾民愤，竟调动警察对手无寸铁的中国居民大打出手，致死伤多人，酿成"四明公所惨案"。这次惨案引起更多中国人的愤慨，自发地集中到法租界公董局抗议法租界的恶劣行为。由于事态越闹越大，不得已官方出面调停才得以平息。1878年，上海道

民国时期的四明公所照片

与上海法国总领事达成协议,法租界被迫向中国人道歉并赔偿相关损失。之后该协议刻在《为四明公所血案结案碑》上。

通过这个事件,四明公所意识到在市区内设置偌大的坟地确实不合适。因此,1894年在宝山购地将原来的寄柩厂和丙舍逐步迁走。然而1898年上海鼠疫猖獗,法租界乘机一口咬定,鼠疫是四明公所坟地卫生管理不善所致,再次出动警察,并调动法舰"麦高苞禄"(法文音译)号上的海军陆战队200余人冲击四明公所。这又一次激起民愤,公所商人将所开商店一律罢市,并保卫公所,还连续多日集中到法租界公董局大自鸣钟附近,拆除和烧毁法国人的住宅、商店。这次事件波及旅沪各国外侨,公共租界也受到严重损失。为防止事态进一步失控,工部局、英国领事、美国领事只得出面调停。据《四明公所沈洪赉启事碑》记载:"当有美国领事差王松堂先生来,请我洪赉到方镇记商议其事,据美领事云及你宁人与法人失和,我十二国人并无与你不和,为何统要罢工?若要罢工,我十二国人与法国人同拆会馆。后我洪赉即至十一点半钟,去劝二业照常开工。美领事同庄菱晨先生在方镇记,听我回音后,到二点钟法兵去矣。"上海道自然是站在四明公所的立场,强硬的法租界迫不得已,只能退让,赔偿四明公所损失,并保证永不侵犯。至20世纪初,四明公所的寄柩厂和义冢陆续迁走,市区内仅留下办事机构,新中国成立后四明公所解散,原址移作他用。为纪念四明公所的反帝反侵略的事迹,在人民路461号四明公所正门的原址上,重建当年的牌楼式门头。

虽然四明公所反帝烽火的故事结束了,但是旅沪"甬帮"的传奇才刚刚开始。宁波自古就是繁盛的商埠,以"无宁不成市"闻名遐迩,承袭了勤劳、精明、节俭、守持的优秀美德,对上海有着深远的影响。至19世纪末,宁波人就在上海参与开办了新式银行,如汇丰、上海等银号5家以及中国通商、四明、中国垦业等银行17家,还有证券交易所14家;还创办中国最早的重工业,在中国近代机器

法租界被迫放弃拆除四明公所的决议书

和船舶业中，"甬帮"占约三分之一强，如大中华火柴厂，五洲肥皂厂，大中华橡胶厂，中国化学工业社以及国药业"四大家"——胡庆余、蔡同德、童涵春、冯存仁。20世纪30年代，上海工商界名人录近两千人，"甬帮"占据四分之一，叶澄衷、朱葆三、虞洽卿、黄楚九、项松茂、严信厚、徐乾麟等，叱咤风云，在上海滩如雷贯耳。另外，"甬帮"的生活习俗也潜移默化影响了上海这座城市，上海人目前用以自称的"阿拉"就是来自宁波话；上海人喜食的醉虾、黄泥螺、鳗鱼、苔条饼、水磨年糕以及汤团等也是从宁波传过来的；上海的老字号培罗蒙西服店、亨生西服店、邵万生南货店、三阳南货店、乐源昌铜锡五金店、亨得利和亨达利钟表店、中华皮鞋店、老正兴菜馆、蔡同德国药号、泰康食品商店、协大祥绸布店、祥生汽车公司（强生出租车前身）及宁帮菜馆状元楼、鸿运楼等都是当年甬帮创下的。

　　如果说当年旅沪粤帮给上海带来的是敢为人先、勇于创新、开放的风气，那么旅沪甬帮则将他们循规蹈矩、刻苦勤勉，精明能干，以及尽力保持体面和尊严的性格带到了上海，并最终融为海派文化和上海城市精神的重要元素。

四明公所今留存下红砖白缝的高大门头

九亩地誓师上海起义　小南门敲响共和钟声

1911年10月10日，武昌起义爆发，举国震动，反清浪潮迅速席卷全国。在上海，有三支力量都在积极行动，一是以陈其美为代表的同盟会，二是以李燮和为代表的光复会，三是以李平书为代表的地方实力派。

武昌起义后，陈其美先后到南京、杭州策动两地党人起兵响应，两地则希望上海先动。于是，他折返上海，继续活动。在上海士绅中，最有声望的是上海城自治公所、上海商团主要领导人，预备立宪公会董事李平书。同盟会争取的第一个目标便是他。沈缦云、叶惠钧、王一亭等同盟会员都是自治公所议员，为上海著名绅商，与李平书过从甚密，特别是沈缦云，与李平书为莫逆交。陈其美嘱沈向李进行试探。

李平书在清末上海，一直以绅商领袖、热心公益、维持地方秩序的形象出现在公众面前。武昌起义以后，形势巨变，他不得不思考应对之方。经沈介绍，10月29日，李平书与陈其美在成都路贞吉里李平书寓所相见，"告以保民宗旨，彼就随时协商，互相尊重主义，避免侵犯"。李、陈联手，对上海革命力量的增长有重要意义。李平书转向了

沪军都督陈其美（1878—1916）

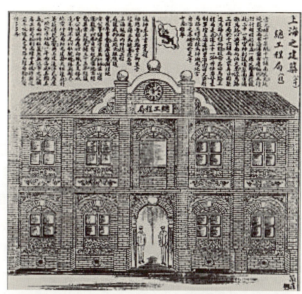

上海城厢内外总工程局,1909年改
称上海城厢内外自治公所

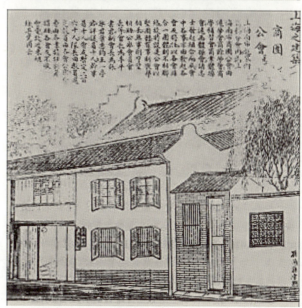

上海商团公会会所,起义时为商团
起义司令部

革命,沈恩孚、吴馨、莫锡纶及自治公所议员王引才,警务长穆湘瑶也都站到革命一边,加上已经加入同盟会的沈缦云、叶惠钧、王一亭,这样,上海城自治公所、上海商团的主要领导人基本上转向了革命,上海商团成了革命党人掌握的一支武装。而李燮和是李平书的族侄,平常来往密切,与自治公所、上海商团中很多头面人物是世交,三支武装顺利实现合流。

11月1日上午,商团联合会集合所属各商团团员2000余人,在南市九亩地举行盛大的检阅典礼,李燮和担任检阅官,并被推为商团临时总司令,统一负责指挥训练。商团总司令下辖6个司令:沪学会商团,穆湘瑶为司令;商余学会商团,郁怀智为司令;沪西士商商团,吴馨为司令;商业体操会商团,名义上李平书为司令,李指定朱少沂代理司令;商学补习会商团,苏本炎为司令;闸北商团,钱贵山为司令。各个商团司令在总司令的领导下,负责本商团的操练和指挥。

联络商团的同时,陈其美等人还联络、掌握了中国敢死团、敢死队两支群众武装。

要想在上海发动起义,有两个难题必须解决,一是上海及其周围地区的清政府军警,二是守卫江南制造局的清军。对于前者,通过策反,在武装起义前,清政府驻上海军警已基本被说通。对于后者,因清政府控制极严,缝隙难觅,是上海起义的主要障碍。

根据同盟会和商团原定计划,等南京等地发动起义后,上海再响应。但10月底11月初,传来消息,清廷五艘军舰自汉口下驶,泊吴淞口,运江南制造局所造枪械以济汉口清军。指挥汉阳起义军作战的黄兴致信上海同盟会员,告以汉阳危急,亟盼宁、皖响应,以绝清廷海军后援。11月1日晚,陈其美与李平书、吴馨、叶惠钧等举行紧急会议,决定以上海先动、苏杭响应,代替先前的方针。

11月2日晚,陈其美和李平书等讨论具体起义步骤,决定由县城警务长穆湘

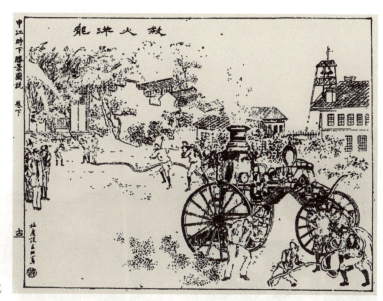

救火洋龙

瑶负责地方保卫事宜,由李平书通知商团及救火联合会,共同守卫城厢内外各重要地方。会后,李平书连夜召集各商团负责人会议,宣布有关起义问题,略谓时局日见紧张,愿各商团竭力保护桑梓,如果听到南市救火总会钟楼鸣钟9响,继以13响,即派团员分段出防,维护治安。9响、13响,寓意九月十三日(即公历11月3日)。与此同时,李燮和将光复军白旗发给已经联络好的军警,约定届时举火为号,士兵袖缀白布条为标志。

11月3日清晨,陈其美以军政府名义,委任李平书为上海民政长,并由李出面,请谙于外交的伍廷芳出任外交总长。上午,陈其美等在西门外斜桥西园举行会议,凡与革命党有关的重要人物均到,约定下午2时会齐,进攻制造局。

下午2时,小南门救火会联合会钟楼钟声按预定信号响起,上海商团各部、中国敢死队、中国敢死团,立即聚集南市九亩地。据说有数千人之多,陈其美、李

革命军占领后的江南制造局东路大门（项慧芳供图）

平书、沈缦云等数十人均在其中。陈、李、沈等登台演说，宣布起义，当场扯毁清朝龙旗，改悬起义白旗，分发参加起义人员每人白布一条，宽3寸，长6寸，绕在左臂，统称革命军。商团总司令李显谟宣布商团作战命令：一、协同敢死队攻打制造局；二、进攻上海道；三、各分队分段防守城厢内外，维持治安。随后，兵分两路，商团大部分去分段防守城厢，敢死队等则进攻江南制造局。

城厢方面，由于没有抵抗力量，没有发生冲突，商团顺利占领各处。其分布为：冯少山率领沪西商团占领南城、西城；尹村夫、冯润生率领商余、清真、洋布、韫怀、伶界等商团占领东城、北城；刘舜卿率领书业商团占领硝磺局。到下午4时，各城楼均悬挂大白旗，城门均由革命军把守。黄昏时分，进攻江南制造局的敢死队张承槱等人退回县城，直奔上海道台衙门，守署亲兵已经反正。敢死队直入三堂，放火烧了道署，接着又烧了参将署。到晚上8时，整个上海县城包括道、县衙门均为革命军所占。

攻打江南制造局是上海起义过程中的唯一硬仗。分为两个阶段：第一阶段敢死队进攻受挫，陈其美被俘；第二阶段三支武装合力攻克制造局，李平书坐镇城内救火联合会掌握全局。11月4日上午9时，制造局总办张士珩携亲信乘事先备好的小船逃入租界，局内守军均绕白布投降，制造局被攻克。

上海起义成功以后，周围各县竞相响应，宝山、松江、青浦、崇明、嘉定、南汇、奉贤、川沙相继宣告独立，上海宣告光复。

上海是国际著名的通商大埠，上海起义的成功在辛亥革命史上有着极为重要的意义。一方面引起了江浙的连锁起义，有力推动全国革命形势的迅猛发展；另一方面阻止了清廷海军把江南制造局的军火运往湖北清军，减轻了武昌、汉阳军民的压力，且使军火为民所用，对增强民军、削弱清军具有直接影响。

三山会馆与第三次工人武装起义

三山会馆旧址门口

在上海老城厢半淞园附近，有一处雕梁画栋、别致秀丽，富有福建特色的建筑，这就是在上海近现代史上极为著名的三山会馆，是上海工人第三次武装起义工人纠察队沪南总部，也是上海市目前唯一保存完好的上海工人三次武装起义遗址，业已成为沪上一道新的文化景观。

三山会馆的由来

三山会馆位于中山南路1151号，由福建旅沪福橘青果业商人集资筹建。福建旅沪福橘青果业的行业组织始创于清同治初年，在里仓桥一带赁民宅设公所，后在沪军营沪

三山会馆全景

杭铁路车站购地两千余平方米建造公所，由于房屋简陋，筹款重建，于清宣统三年（1911年）开工，至民国五年（1916年）竣工，因福州有名山"于山、冶山、乌石山"，"三山"遂成为福州别名，加上福州又是福建省会，因此，"三山"又代指福建，故会馆定名"沪南三山会馆"，以别于福州路云南路口的三山会馆。

会馆周围筑清水红砖墙，门额墙基嵌花岗石，雕镂花卉图案。进门为戏台，面对大殿，戏台檐枋、垂脊，雕镂飞金，顶上藻井上部分弯形，下为八面形，每面雕城墙城楼。中为庭院，东西两庑各十间。大殿屋面歇山式，画栋雕梁，檐前有雨棚，亦以粗大的木料构梁枋，雕镂飞金。大殿西侧原为花园，有池石亭台，后改建为三山里。

1940年，会馆内创办三山中学、八闽小学，1952年改为半淞园路小学，大门设在半淞园路211号。"文革"时期，会馆遭到一些破坏，20世纪70年代末小学迁走，会馆移作他用。1986年为辟通中山南路，三山会馆移位，并恢复原貌，1989年竣工，现辟有上海民间收藏陈列馆等。

三山会馆大门口和边门

三山会馆与第三次工人武装起义

清末民初,会馆公所如同雨后春笋般遍布上海,或以同乡,或以同业各自成立会馆公所,有一定知名度的竟有百余家,而三山会馆无论是规模还是地位在其中并不突出,真正让三山会馆从中脱颖而出的,则是第三次工人武装起义。

民国初年,北洋军阀统治中国,在帝国主义列强的支持下,发动内战,民不聊生。1924年,共产党与国民党开展了第一次国共合作,随后成立广东革命政府。1926年在基本完成统一广东、广西两省之后,国共双方决定发动彻底消灭军阀的北伐战争。1926年7月,广东国民政府发出《北伐宣言》,国民革命军8个军10万人兵分三路,全面开始了打倒北洋军阀的北伐战争。

北伐军节节胜利,北洋军阀步步败退,"五卅"运动之后一度陷入低潮的上海工人运动重新看到了希望,中共上海区委提出以武装起义响应北伐军进军和开展自治运动的主张,并且相继在1926年10月24日和1927年2月20日发动了两次武装起义,但由于准备不充分,旋即失败。

夺取上海意义极为重要。民国初年的上海已经是东亚最为重要的国际大都会之一,它既是中国的经济中心,也是帝国主义列强经营的大本营,在国际国内地位上极为突出,同时作为最早开埠的城市,上海工厂众多,有着数量庞大的无产阶级,加上学校众多,先进的思想文化在上海不断传播,可以说一旦成功夺取上海,将有效打击封建军阀和帝国主义列强势力。因此在两次工人武装起义相继失败之后,中共中央并没有放弃,积极准备更大规模的大起义。

第二次工人武装起义失败之后不久,中共中央和上海区委组成中央特别委员会为起义领导机关,并成立以周恩来为首的军事特别委员会,在吸取此前失败的教训之后,周恩来同上海区委负责人罗亦农、赵世炎和上海总工会委员长汪寿华等,在特别委员会领导下,对第三次武装起义作了周密的准备,在工人中建立严密的组织,组成工人纠察队,秘密进行武装训练。

1927年3月,北伐军连克松江、吴江、宜兴,直逼上海,3月19日中共上海区委下达第三次武装起义令,号召"打倒直鲁联军,响应北伐军,建立上海革命民众市政府",并特派王若飞担任南市起义总指挥,而南市起义指挥部就是在三山会馆中。

21日清晨,上海区委发布全市工人总同盟罢工和举行武装起义的命令,中午12时,南市小南门警钟楼钟声敲响,全市80万工人开始罢工,随后转入起义,随即工人纠察队分别从南市、虹口、浦东、吴淞、沪西、沪东、闸北等七个区向反动军警据点发动猛攻,市民群众也主动帮助纠察队筑街垒、运弹药、送食品。

作为南市工人纠察总部的三山会馆在接到命令之后,王若飞迅速组织法商电气公司工人会同华商电气公司、南火车站的工人组成的工人纠察队向军阀控制的各个据点发起猛攻,仅仅4个小时就攻克了军阀控制的警察厅、电话局、南火车站、沪军营、高昌庙兵工厂等多个重要据点,因为三山会馆邻近江南制造局,故此处是沪南工人阶级力量最强的地方,也是全市工人人数最多的地方之一,一经发动起义,工人们纷纷自愿加入抗争队伍,消灭大量军阀部队与警察,为上海第三次工人武装起义作出重要贡献。23日,在三山会馆举行了南市工人纠察队总部成立大会,此后上海总工会南市办事处就设于三山会馆之中。

上海第三次工人武装起义共消灭3000多名北洋军和2000多名武装警察,收缴枪支5000多支。工人武装经过30个小时的浴血奋战,于22日6时许攻克敌人的全部据点,占领上海,取得第三次工人武装起义的胜利。起义胜利后,上海各界代表举行市民代表会议,成立上海市民政府。这次起义深刻打击了帝国主义和军阀的反动统治,显示了中国工人阶级的顽强战斗精神和强大的组织力量,三山会馆作为南市起义的指挥总部,在起义中扮演了极为重要的角色。

1927年3月26日蒋介石到达上海,在帝国主义与封建买办的支持下,于4月12日发动了震惊中外的"四一二"反革命政变,凌晨反革命军队与流氓组织"共进会"进攻三山会馆,工人纠察队奋起抵抗,陈廷郊、郝志华、何述等壮烈牺牲,至此,上海第三次工人武装起义的胜利果实被国民党反动派窃取,上海又处于帝国主义和国民党反动统治之下。

上海是中国共产党的诞生地,中国工人运动的发源地之一。三山会馆是上海工运的起点,承载着老城厢的红色记忆,对弘扬工运精神,传承上海红色基因,具有重要的意义和价值。

人 物 逸 事

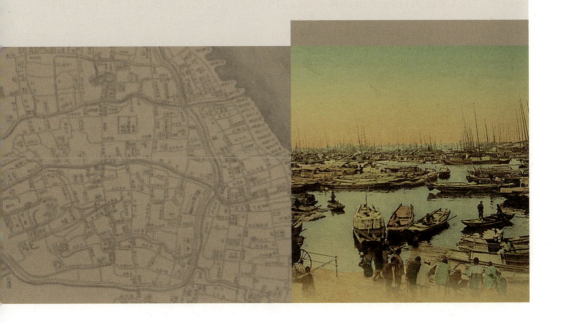

明代西学东渐第一人——徐光启

　　在老城厢乔家路,有一排外形很相似的楼房,门牌号是乔家路234—244号,九间楼外形呈"沙帽式",中间较高,两旁较低,楠木梁柱,斗拱、替木、柱础等不少仍是旧物,放在日益繁华的上海老城厢,这里着实不起眼,不过若是放在明代末年,九间楼却是一处了不得的地方。

　　九间楼是明朝崇祯年间内阁次辅徐光启的故居。明初朱元璋废除宰相后,权归六部,为了方便皇帝统御天下,乃设内阁,至明中后期之后,内阁大学士已是实质上的宰辅,也就是说徐光启就是明末宰相。在中外交流史上,徐光启地位更为突出,可以说是明代西学东渐第一人,为中国思想文化发展作出了极为突出的贡献。

宰辅天下

　　徐光启(1562—1633),字子先,号玄扈,天主教圣名保禄,汉族,上海县人,明代著名科学家、政治家。官至崇祯朝礼部尚书兼文渊阁大学士、内阁次辅。徐光启是老城厢在明代为官最高者。

　　徐光启在明代中后期有着突出的地位。明末社会矛盾突出,努尔哈赤以"七大恨"起兵,席卷辽东,徐光启在萨尔浒大战明军惨败之后,积极主持编练新军。与徐光启同为上海人,又是师生关系的孙元化积极推广,明军开始大规模配备使用红夷大炮(前装滑膛加农炮)。天启六年(1626年)宁远大捷中,正是在

"九间楼"徐光启故居现状（顾歆豪摄）

徐光启与清版《农政全书》

红夷大炮的火力之下，后金八旗军大败。据传闻，后金太祖努尔哈赤也为红夷大炮重伤。

徐光启为人非常正直。在阉党魏忠贤掌控朝政之时，他以不就礼部右侍郎兼侍读学士之职来反抗，最后为阉党迫害削职。直到崇祯年间，方回任原职。崇祯二年（1629年），后金皇太极率兵数万大寇京师，徐光启面呈战守之策，遂为皇帝重用，后累官至礼部尚书兼东阁大学士、太子太保兼文渊阁大学士、内阁次辅。崇祯六年（1633年）病逝，皇帝亲赠谥号为"文定"。

徐光启为官清廉。明末官吏贪腐成性，少有廉洁自持者，而徐光启却是官场的一个另类,"通籍四十年,室庐不改",他出生于商人之家,不过家境败落,只剩下九间楼这座主宅,后来他虽官至宰辅,也没有再置办产业。病逝之时,整理遗物,徐光启只有几件旧衣服和一两白银,除此之外就是大量的著作手稿和书籍了,连床上的被褥都已破败不堪,堂堂一品大员留给子孙的几无余财。

徐光启位极人臣,宰辅天下,辅佐君王,可惜的是明末社会矛盾空前激化,政治腐败,民不聊生,官吏贪腐成风,徐光启虽志在匡扶社稷,然而却无力拯救明朝败局。在徐光启死后短短10年后,李自成攻入北京,崇祯皇帝自缢于景山,明亡,而此后建立的南明政权也相继覆灭,最终清朝统一了天下。

西学东渐第一人

为官之外,徐光启更大的成就在于学贯中西。明代万历年间,大批西洋传教士不远万里来到中国,他们虽以传教为目的,不过在另一方面也带来了大量西方科技、文化等著作。明代士大夫颇为开明,他们积极吸取西洋文化,并大量翻译西方著作,客观上为明代中后期的中国带来了新思想,这在历史上被称为"西学东渐"。而"西学东渐"最重要的人物就是徐光启,被誉为"西学东渐第一人"。

早在万历二十一年(1593年),年仅31岁的徐光启赴广东韶州任教,并结识了耶稣会士郭居静,此后徐光启又相继结交了著名传教士利玛窦、熊三拔等人。通过西方传教士,徐光启接受了大量西方科技与文化,并与传教士合作,积极翻译西方各类著作,主要翻译著作包括《几何原本》《测量法义》《灵言蠡勺》《泰西水法》等,同时他还与传教士合作研究天文仪器,撰写《简平仪说》《平浑图说》《日晷图说》和《夜晷图说》等著作。

徐光启不仅仅翻译西方著作,还把所习得的西方科技文化运用在实践之

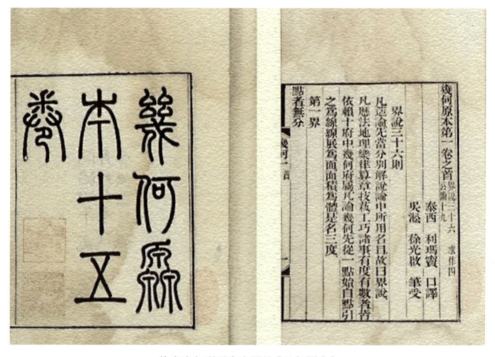

徐光启与利玛窦合译的《几何原本》

中,最典型的就是《崇祯历书》的编订。在历书中,他引进了圆形地球的概念,明晰地介绍地球经度和纬度的概念。为中国天文界引进星等的概念,他根据第谷星表和中国传统星表,提供了第一个全天性星图,成为清代星表的基础。在计算方法上,他引进球面和平面三角学的准确公式,并首先作视差、蒙气差和时差的订正。

此外,徐光启同样重视农业。中国为农耕文明的国度,徐光启一生关于农学方面的著作非常多,计有《农政全书》《甘薯疏》《农遗杂疏》《农书草稿》等。他对农书的著述与他对天文历法的著述相比,从卷帙来看,数量虽不多,但花费时间之长,用功之勤,皆有过之而无不及。

严格意义上来说,徐光启才是中国"开眼看世界"的第一批士大夫之一,比号称"开眼看世界第一人"的林则徐整整早了250余年。

徐光启与传教士

明代隆庆开关之后,大量传教士渴望来到东方最为古老和伟大的帝国传播基督教。

徐光启与传教士结缘是在万历二十一年(1593年),他在广东任教结识了郭居静与利玛窦,这也是他人生中最大的转折点,通过郭居静他了解到大量西方的知识,博学多才的徐光启立刻为之所吸引,同时也对基督教产生了浓厚的兴趣。万历三十一年(1603年)徐光启更是在南京由耶稣会士罗如望受洗加入天主教,获教名保禄。

徐光启与传教士们是亦师亦友的关系,他对于博学多才的利玛窦非常推崇。利玛窦于万历初年抵达中国,起初传教并不顺利,后来他吸取教训,积极学习儒学,出入则着儒生衣冠,加之博闻强识、学识渊博,逐渐为士大夫接纳和推崇。徐光启正是在利玛窦指导下,开始学习西方语言,同时接触西方文化。明万历三十三年(1605年),利玛窦决定翻译一部分西洋科技的书籍,他本人倾向翻译历书,而徐光启则主张先译基础科学,如数学,"此书未译,其他书俱不可得论",利玛窦接受徐光启的意见,于是合作翻译了欧几里得的《几何原本》。

而与徐光启关系更为密切的则是郭居静。郭居静是徐光启第一个结识的西洋传教士,他们一直保持着密友关系,也正是在郭居静的引导下,他与利玛窦等人相识。明万历三十四年(1606年),郭居静被诬陷谋逆,后虽得脱,不过在广东

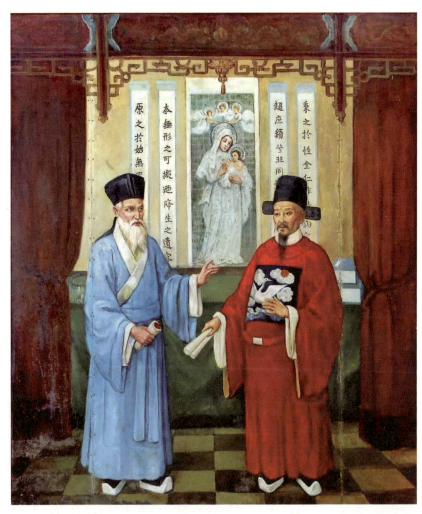

徐光启与利玛窦（油画）

传教始终不顺利。万历三十六年（1608年），归家为父守孝的徐光启邀请郭居静来上海传教，这也是上海基督教传入的开端。郭居静到上海之后，长居徐光启家中，两人关系更为密切，时常讨论教义和各种学术知识，因为徐光启位高权重，郭居静在上海传教非常顺利，为方便女教众传教，徐光启还帮助郭居静建了一个小天主堂，取名圣母堂，徐光启去世之后，他的家族后人依然帮助传教士们传播天主教。

徐光启与传教士们关系密切，利玛窦和郭居静只是其中的典型，他与毕方济合作翻译柏拉图的《论灵魂》，又与传教士龙华民、邓玉函、汤若望、罗雅谷合作编订《崇祯历书》，可以说他们的交往是东西方交流的典范，也是中国人与外国友人友谊长存的代表。

徐光启在明代历史上有着突出的地位，一方面是因为他为官清廉正直，面临明末危局，他兢兢业业辅佐朝政，堪称能臣典范；更重要的是，他在东西方文化交流上，发挥了重要的作用，是明代西学东渐第一人，同时他与西方传教士的深厚友谊光耀千古，也为中国基督教传播作出了突出贡献，因此即使放在整个中国历史上，老城厢的徐光启也是一位极为重要的人物。

亦中亦西老城厢

老城厢的名绅们

上海老城厢人才辈出,他们大多是官宦人家、缙绅之流或文士之辈。明代有徐光启、乔一琦、艾可久、潘恩潘允端父子、顾从义顾从礼昆仲、陈所蕴、秦嘉楫、朱察卿等;至清早期,则有曹一士、陈畿、李筠嘉等,都是世家望族。他们常常带头募款,修桥铺路,修寺造庙,逢到荒年,济贫赈灾,为老城厢贡献良多。

近代以后,老城厢又涌现出郁泰峰、王韬、李平书、沈缦云、张焕纶、吴馨、苏本炎等士绅,他们目睹了上海开埠后租界里西方的政治、经济、商业以及市政、公共事业、工业、文化教育等的先进之处,不甘落后和墨守成规,不再围城自闭,决心先于中国其他地方,放眼看世界,引进西方先进技术和理念,办新兴的市政、文化事业,抱着改良主义的思想进而投身民主革命。老城厢的名绅们在推动上海近现代化方面起到了积极作用。

明代潘恩像

上邑第一世家——潘允端

回顾上海历史,论官阶之崇高,事业之彪炳,非徐光启莫属,然论科第之连绵,簪缨之众多,则明季一代唯潘氏一族矣!

　　潘氏家族之兴盛始于潘恩，"首登嘉靖癸未进士，历官都察院左都御史"，而家族鼎盛之延续则归功于潘恩之子允端兄弟，由进士官藩臬。潘允端之子云龙"弱冠入成均预选内阁"，明神宗甚器之，乃授武英殿中书舍人，家族显赫如是。上海老城厢别姓望尘莫及。

　　潘氏家族在老城厢留下最负盛名的莫过于潘恩次子潘允端和他所缔造的豫园。但是，除了豫园，潘允端还是重要的改良昆曲的专家，而豫园则成为当时引介昆曲的试验基地。

　　潘允端不仅长文墨，而且精研戏曲，嗜戏如命，最崇尚清丽婉转的昆山腔（昆曲）。明嘉靖万历年间，"蓄养家乐班"和"营建私家园林"是当时江南地区士大夫的一种风尚。潘允端在持续营建豫园的同时，投入巨资蓄养自己的家乐班，并在豫园中频繁演出，满足其闲情逸致，实现他的林中泉下之乐。

　　明万历十六年，潘允端梨园家班组成，不仅生旦净丑俱全，而且曲艺精湛，堪为邑中一绝，曾被县令多次借用。当时上海及附近豪绅大户秦凤楼、顾亭林（顾炎武）、顾青宇、陈明所等家乐也曾到豫园演出。经常在豫园演出的职业艺人有魏桂、白四、白斗、金奇、吴二、曹成、姚科、汤四等，皆当时之名角，当时甚至还有"女戏"演出，潘允端的《玉华堂日记》曾记"女旦班略串戏数出"，这些客观上推动了上海昆曲的繁荣发展。

　　据《玉华堂日记》记载，当时豫园演出的主要剧目有《精忠记》《琵琶记》《昼锦记》《西厢记》《连环记》《银瓶记》等二十余出。除此以外，潘允端还致力于编排新戏，多次购买南戏剧本，万历十六年五月十九日记载：买回"戏文四十部"，同年十一月初二买撰写昆山腔剧本的"沈南词廿本银三两"。潘允端一度还养着专门从事剧本创作的文人朱谆化，半个月内创作了《昼锦记》等五部传奇。

潘允端的嗜戏如命也埋下了潘家衰败的种子。每年四月十日潘允端生日前后，豫园内到处是歌舞管弦之声，"竭水陆之珍，极声容之盛"，"两班戏子各献技"，连演十余天，日日宴会，席席歌舞，潘允端自己都承认"过分豪奢"。潘允端去世后，潘家便日渐式微，从豫园的几经易主便可知之。然而，潘允端和豫园对昆曲和上海地方戏曲的发展所做出的贡献仍属有目共睹。

沙船世家"郁半城"——郁泰峰

世居上海老城厢乔家浜的郁泰峰（1800—1866），其父辈郁馥山、郁遵堂兄弟二人少年时习商，见当时南北交通需要航运，便营造沙船，因此起家。兄弟融洽，崇尚信义，不久声誉鹊起，营业日隆，家资巨万。

郁遵堂之子泰峰与其堂兄竹泉，继承父业，创办森盛沙船号，拥船200艘。其中大船八十余艘，承办海运、漕运等商号，创立商船会馆，竹泉任总董事；又开设钱庄、商号、典当以及酱园、豆麦行等。郁家店铺遍及整个老城厢，为繁荣早期上海经济做出了重要贡献。

郁泰峰在道光年间为贡生，素好读书，手不释卷，在与竹泉合营沙船业外，酷爱书籍，曾斥巨资建藏书楼，收历代旧籍数十万册。选其中宋、元佳本，亲自校正，编纂《宜稼堂丛书》6种64本，计229卷，因而名闻大江南北。晚年时经清政府批准，与同行合作制机铸银圆，分一两（九八规元）及半两两种，为中国最早之商铸银币。

小刀会起义爆发，郁泰峰目睹义军作为，衷心拥护，出资购粮救济县民，贫民感其恩德而作歌谣称颂。小刀会起义失败后，清政府以资敌嫌疑罚银20万两修葺上海城墙。郁泰峰于咸丰五年，将上海县南半城加固修葺并加高三尺，因此

郁泰峰坐像

人称"郁半城"。

郁泰峰培养英才不遗余力,请求清政府每科为上海县学增加十名秀才,人称他为"郁家秀才",还为他建牌坊。郁泰峰还热心公益,乐善好施,出资经营同仁辅元堂等慈善机构和设立育婴、普育清善堂等。

中西文化传播者——王韬

王韬,清道光八年(1828年)生,5岁始由母口授字义,讲述古人节烈故事。12岁从父读书,并学作诗。19岁在陈墓镇处馆,博览群书。因至南京应试不第,婚后随父到沪,进麦都思的墨海印书局任编辑,翻译《圣经》。并与艾约瑟同译《格致西学提要》,常与蒋敦复、李善兰等至城隍庙东园饮酒赋诗。在"墨海"13年中,曾译著作品多册。

王韬与他创办的
《循环日报》

咸丰十年（1860年），王韬时年33岁。太平军连克丹阳、常州、苏州。次年，因涉嫌上书太平军事，被清政府通缉。他在避难中惊闻母亡，未能亲自守灵，悲愤欲绝，虽有英领事代为说情，清政府仍坚持不赦。王韬只得逃亡香港。

王韬在香港居住达20年之久，除闭门读书著书外，曾于同治六年（1867年）应邀至英国，翻译中国经籍，又在苏格兰编纂《春秋左氏传集释》。3年后自英回港，途经法国巴黎，应邀编著《法国志略》《瀛壖杂志》《普法战争纪》《俄罗斯志》《美利坚志》等四十多卷。同治十二年，王韬又与友人集资设印局，创办《循环日报》，担任总司之职，并编写《瓮牖余谈》《遁窟谰言》《弢园尺牍》等著作。光绪五年（1879年），漫游日本，回港后患病，印局失火，排印著述半遭火毁。

光绪十年，他自香港移家返沪，寄居淞北寄庐，写《淞隐漫录》12卷，次年创办弢园书局，以木刻活字印书。光绪十二年，受聘格致书院，中西董事公举为掌院。后任"山长"，写《淞滨琐话》12卷等书。光绪十四年，应山东巡抚约请游山东，重订《蘅华馆诗录》6卷，并刻《西学原流考》等6种。

光绪十九年，孙中山来沪，由陆皓乐介绍，与王韬相见，惊为奇才，资助刻书。王韬暮年在上海城内西部自建城西草堂，以读书娱老。光绪二十三年四月病逝，享年70岁。王韬一生曾遨游英、法诸国，著书六十余部，是近代著名的改良主义思想家，也是中西文化的传播者。

上海地方自治运动先驱——李平书

李平书，原名安曾。14岁丧父，来上海花行豆米行当学徒。16岁得伯父之助，入私塾，17岁应试，22岁进龙门书院，得以阅读有关西学之书，扩大了眼界。清光绪九年（1883年）参加《字林沪报》笔政。4年后，游历新加坡，看到了新兴

李平书

都市的建设及贸易、金融机构,又看到华人的悲惨生活,感触很深,既要学习西方,又得发奋救国。

1893—1899年是他出仕时期,先后任广东陆丰、新宁、遂溪知县,因抵抗法军侵略,反被清廷革职。1900年入张之洞幕,任湖北陆军武备学堂提调,颇有成绩。1901年,张之洞任两江总督。1903年,委李平书为江南制造局提调,兼中国通商银行总董、轮船招商局和江苏铁路公司董事。

回到上海后的李平书更有发挥才能的余地。李平书早年行医出身,深知医学、医院在近代城市的作用和地位,也深知城市必须具备的自来水工程的重要性。1885年,为改变上海人饮水习惯和改善上海饮用水,李平书通过民间集资方式创办了华商创办最早的水电厂——闸北水电公司。1903年后,李平书先后担任中国通商银行、上海南市马路工程局、上海城自治公所等上海主要机构的总董。1906年李平书利用"积谷仓"旧址建老城厢第一所西式医院上海医院。他又联络陈莲舫、蔡小香、余伯陶、黄春甫等沪上名医成立上海医务总会。

李平书热心于上海华界(南市、闸北等)的地方事业,看到租界的市政和金融、贸易日趋近代化,他不愿落后,提议创办警察系统,建立商团,组建上海救火联合会,创办南市电厂,还为华成保险公司、显新垦牧公司、华兴面粉厂的建立出力。总之,上海近代化的市政公用设施,如自来水、电灯、电话、电报、电车等多发端于公共租界、法租界,而不出几年,南市、闸北也有了,接着影响国内的大城市。李平书可谓上海近代市政领导之先驱。

光绪三十一年(1905年),李平书又致力于上海地方自治运动,与南市士绅姚文枏、莫锡纶等得上海道台袁树勋的认可,创办城厢内外总工程局,李平书任总董,在老城厢及城外填河筑路六十余条,建桥五十多座。为防止租界侵占和发展华界,主张拆城,但遭保守派反对,只得增辟三个城门。辛亥革命后,仍是他主持拆城筑路。宣统元年(1909年),清政府为了阻碍革命,实行立宪,改城厢内外总工程局为城厢内外自治公所,带有议会性质,李平书被选为总董。

李平书能随时代潮流而动。1911年与同盟会东南支部负责人结识后,就站到革命派的一边来。武昌起义后,他积极参加上海起义。11月3日,上海商团参加攻打制造局,陈英士被拘,他设法营救。上海光复,陈任都督,他任民政长。

"二次革命"反袁失败,李平书流亡日本,1916年回沪。1922年70岁时,完成了《且顽老人七十自叙》。1927年12月13日,李平书在昆山去世。上海地方人士为了纪念他,请著名雕塑家江小鹣为他雕塑一尊铜像,完成后不久抗战军兴,先埋于小南门救火会钟楼下。胜利后,立于城隍庙荷花池,塑像下的座上刻黄炎培撰李公平书像记。称他"创上海地方自治,为全国倡"。20世纪50年代后期,移至蓬莱公园,"文化大革命"中被毁。

为国破产的银行家——沈缦云

中国第一家商办储蓄银行（信成商业储蓄银行）的创办人沈缦云（1869—1915），原姓张，入赘沈家，改姓沈。少年时入上海培雅书院读书。20岁后中举人，他弃官就商。35岁时，倡议办储蓄银行，次年担任上海信成商业储蓄银行协理，先后在南京、天津、北京等地设分行，发行钞票达110万元。他除了掌管上海铁厂外，又主办提倡新剧的"新舞台"和竞化女子师范学堂以及孤儿院等，还是复旦公学校董。光绪三十三年（1907年），他参加南市商业体操会。同年，任上海城厢内外总工程局议董。宣统元年（1909年）任上海总商会议董。

宣统元年（1909年），沈缦云代表上海总商会赴京向清政府请愿，要求速开国会，竟遭拒绝。从此思想转向革命，出资赞助于右任鼓吹反清革命的《民主

沈缦云

报》,加入孙中山领导的同盟会。当时同盟会准备在长江流域组织武装起义,需要购买军火,他筹银4万两。

1911年上海光复时,沈缦云参与领导起义。沪军都督府成立,他出任财政总长。军政花费甚大,需款甚急,沈缦云只得四处奔走,悉心筹划,除信成银行垫款三十余万外,他另组中华实业银行,发行军用票及公债。为亲自去南洋群岛募捐,他辞去财政总长一职,改任同盟会理财干事兼南洋群岛交际员,终于因无法应付巨大欠债而银行倒闭,本人也同时宣告破产。

事业失败并不影响他的革命意志,他仍积极参加"二次革命"。失败后避居大连,秘密进行革命活动。最后,袁世凯收买国民党内叛徒,将沈缦云毒死。

老城厢的外国人

外国人来到上海，可以追溯至明代，郭居静、潘国光等一批传教士在上海生活。1832年，英国商人曾来过上海，会见上海地方官员，对上海城市与乡村进行考察。这段历史，是开埠以前，上海与西方人最早的接触。

上海最早的"老外"

明末清初，利玛窦等一批耶稣会传教士来到中国，传播宗教，也传播西方科学技术。他们先后在北京、南京、南昌、苏州等地活动，上海也是其中一站。先后在上海地区活动的传教士有郭居静、毕方济、黎宁石、杜奥定、潘国光、刘迪我、金百炼、张安当、毕嘉、柏应理等十余人。其中，对上海影响最大的是郭居静与潘国光。

郭居静（Lazare Cattaneo，1560—1640）是第一个出现在上海的西方传教士，意大利人，34岁来华，先在澳门学习汉语，然后到韶州、南京等地协助利玛窦管理教务。应徐光启之邀，他于万历三十六年（1608年）来上海。

那是将近年终时，郭居静从南京动身来沪。徐光启留他住在乔家浜九间楼家里，连续三天，大宴宾客，热烈欢迎这位来自泰西的客人，地方贤达均来致意。三天以后，郭居静提醒徐光启，如果他一直在这里，所见都是上海显要人士和徐氏亲友，对于推进传教事业并非良策。徐光启同意他的看法，就将地处南门外的双园整理好，请郭住到那里。郭居静在那里住了将近两年。

意大利传教士郭居静

郭居静身材魁梧，髯长而美，在澳门时，曾有流言说外国人要占领中国，推定的皇帝就是郭居静。这么一个外国人突然出现在上海，上海人是怎么看的呢？

那时，徐光启已是进士，朝廷大员，其地位、学识、道德，均被上海人引以为豪。由于徐光启的示范作用，上海人对郭居静满怀敬意，相当友好，来访的人很多。人们有关于信仰的问题会来找他，生病会来找他，新娘失眠、父子龃龉、偶遇毒蛇也会来找他。他与当地的士绅相处得很好，县城的长官经常来访。他的传教事业开展得相当顺利，开头两个月中，就为50人施洗，在不到两年中，为200人施洗。为了满足日益增长的宗教活动需要，徐光启在住宅旁边建了一间小教堂，俗称小堂。郭居静在那里传教、交友、生活，成为上海生活中相当引人注目的角色。

郭居静对于上海印象相当好。《利玛窦中国札记》中有一大段描写上海的文字，应是来源于郭居静。文中称上海是"一座花园大城市"，"这里的人，特别是城里人，都非常活跃，不大稳定，头脑聪明，出过很多学者文人，因而也出过很多大官，他们从前身居高位，现在退休后都很有钱，居住在富丽堂皇的府邸里。城市的街道很狭窄。这里天气温和，可以说明何以这里的人要比国内别处的人寿命更长些。在这里，人们不以六十岁为老，有很多人到八十或九十，有些甚至活过一百岁。徐保禄就出生在这个地方。"

1610年，徐光启服阕回京，郭居静于第二年离开上海，以后在南京、杭州等地传教，偶尔来上海视察。

明末清初在上海活动时间最长的传教士是潘国光（Fancois Brancati，1607—1671）。潘也是意大利人，1637年来上海。当时，徐光启已去世。但徐的一个儿子、五个孙子、四个孙女都是教徒，上海地区的天主教事业已有相当不错的基础。在徐氏后人的支持下，潘国光传教事业进展顺利，1639年、1640年两年

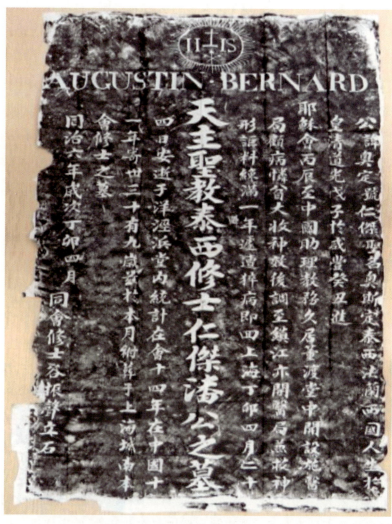

上海城南"天主教义冢"内的潘国光之墓碑拓片

中，就有2364人受洗。1640年，鉴于小堂不敷使用，在徐光启第四个孙女的协助下，在城里设立教堂，改名"敬一堂"，后人习称"老天主堂"，在今梧桐路。那时，中国社会风俗男女授受不亲，男女教徒不同堂参加宗教活动，为此，潘国光将徐光启所建之小堂改为女堂，专为女教徒之用。

潘国光在上海首尾28年，其教务工作非常出色。到1655年，单松江府的城镇乡村就有教堂66所，教徒五万多；上海城厢内有两座大教堂，教徒四万。上海地区由此成为天主教在中国传播的重要地区。潘国光与上海人相处甚为融洽。敬一堂建立以后，松江府推事李瑞和曾作《敬一堂记》，从中可以看出他对潘国光印象相当好，说他虬髯深目，炯炯有光，道风高峙。徐光启的第二个孙女，曾一次支持潘国光银5500两，让他分给有关耶稣会传教士，并帮助传教士在外省建立教堂。1641年，徐光启葬于徐家汇，其墓前拉丁文碑即潘国光所立。清朝初年，清政府一度严禁天主教，潘国光被迫离开上海，病逝于广州。其灵柩被教友运到上海，葬在城南。

正如熊月之先生所言：明末清初的世界，还没有民族主义、帝国主义这些观念。中国与欧洲，雾里看花，相互所知不多，几分直觉，几分玄想。中西之间，还没有发生鸦片战争、八国联军那样的军事冲突，中西文化还没有弱势、强势之分。对于郭居静、潘国光等人，一般人只觉其身材、肤色、眼睛、鼻子与常人有异，不会将其与外国侵略相联系，与其接触没有太大心理负担。士大夫对于传教士带来的西学，对于天主教，能以平常心待之。传教士对中国，也心态平和；说中国话，穿儒士服，没有凌人盛气。那时的文化交流，属于常态下的文化交流。所以，官宦士大夫、平民百姓受洗入教都是寻常事，郭居静、潘国光受到上海人的热情接待也就不足为奇了。郭居静按照中国文人习惯，取字仰凤。徐光启对他很敬重，也按中国文人的习惯，敬称他为"郭仰老""郭先生"。对于潘国光，上海人

"敬一堂"旧影

则尊称他为"潘先生""潘师"。

外国人与上海官员的第一次官方接触

1832年2月,英国东印度公司广州分行派遣"阿美士德"号商船,从澳门出发,沿中国海岸线北上考察,寻找新通商港口。全船七十余人,广州英国商馆办事员胡夏米(后来成为在中国的东印度公司首脑)、德籍传教士、翻译兼医生郭实腊奉命承担此项任务。他们经福建南澳、厦门、福州和浙江宁波等地,于6月20日抵达上海,在上海共停留18天,7月8日离去。在上海地区,胡夏米等还到过吴淞镇及其周围地区,去了崇明岛,考察了市情,包括军备、物产、贸易、庙宇、民俗,散发了随船携带介绍英国概况的《大英国人事略说》小册子。

初次来到上海的外国商人,受到上海地方官员的冷遇。他们在上海县城东门外天后宫上岸,进了天后宫,庙内正在演戏,看到外国人进来,戏即刻停演。在当地人的指引下,他们进了县城。

胡夏米等人先是见到知县温纶湛,温对他们态度粗暴,告诉这群外国人:"你们不能在此贸易,你们必须回广州去。"当胡夏米在他对面的位子坐下来的时候,他很快地站起身来,瞪了胡夏米一眼,一言不发地大步走了出去,似乎是外国人这种举动伤了他的尊严。

上海道台吴其泰在天后宫接待了胡夏米一行。关于接待的礼仪,双方有一番讨论。胡夏米表示,假如道台和其他官员坐着,他和郭实腊也应有座。中方表示,这个要求是办不到的,因为按中国习惯,商人在道台面前是要下跪的,不过,对你们这些人,不要下跪,只要站着就行了。假如你是官员,要办的又是公事,那才会有座。胡夏米表示,我虽不是官员,但所办之事如果顺利也可被视为公务。

我们会见所用礼节，有关吾国体面。我在宁波与比道台官阶更高的人会面时也是有座的。所以，"如果官员有座我也必须有座，如果他们站着我也站着"。礼仪问题争论不下半个小时，最后说定道台站着接待西商。

会见开始，胡夏米等人通报入厅。厅里六名中国官员坐成一个半圆形，胡夏米走近时，六人全部坐在那里，纹丝不动，竟没有一个人起身见礼。这一不礼貌的举动，显然是事先商量好的。胡夏米极为愤怒，转身就走。道台幕僚等人急忙打圆场，好言相劝，答应不再如此行事。胡夏米等人这才重回大厅。这一回，吴其泰态度变得温和了，起身迎接。随后，会谈开始。

胡夏米向吴其泰递上禀帖，表示欲与上海通商的愿望，说是通商对双方都有利。吴其泰表示，通商之事，免开尊口，如果上海船只常去你们港口，那就让你们的政府把他们赶走，我们并没有要他们那样。胡夏米说，与驱赶他们恰恰相反，我们的政府不仅鼓励他们来，且还友善待客。我们也极希望你们能如此行事。

此后，胡夏米与道台之间，因为禀帖的措辞问题，是否用印问题，颇费周折，特别是吴其泰称英人为"夷"，被胡夏米认为是触犯本国的体面，争辩了几个来回。最终吴其泰承诺以后再不当面称英人为"夷"。这是上海地方官员第一次与英国人正面接触。

"阿美士德"号在上海首尾18天，英国人测量了黄浦江航道，了解上海港口和贸易情况。他们认为黄浦江是中国最优良、最宜航行的河流。他们细心地查点从黄浦江进入上海港的船只，记录其数量、运载货物、航行线路。通过考察，英人对上海港口和吴淞江的贸易前景评价极高："上海事实上已成为长江的海口和东亚主要的商业中心，它的国内贸易远在广州之上。"

总的说来，1832年的英商考察，上海给英国人留下的印象是富庶、友善、良港，百姓比官员更为开明、友善，前途无限。胡夏米等人将这些情况详细向东印度公司作了报告,并在英文报纸上发表,在一定程度上影响了日后西方对上海及上海人的看法。如此,10年后,把上海列为通商口岸也就理所当然了。

近代上海是外国人最多的中国城市之一

开埠以后的上海,西方人逐渐增多,居留的时间也较前为长。1843年上海登记在册的外国人为26人,1846年超过100人,1850年超过200人。1853年以前,上海比较严格实行华洋分居,租界发展不快,外侨增长缓慢。1853年,小刀会起义爆发以后县城被小刀会占领,大量华人涌入租界,华洋分居变成华洋混处,租界城市化速度加快,外国人也逐渐增多。1860年,上海外侨超过600人,1865年超过2000人,1895年超过5000人,1905年超过1万,1915年超过2万,1925年超过3万,1931年超过6万人,此后几年保持在六七万之间。1937年八一三事变以后大批日本人涌来,上海外侨总数迅速膨胀,1942年达到高峰,为150931人。第二次世界大战结束以后,日侨、西方侨民大批回国,上海外侨数量锐减,到1949年底还有不到3万人。

近代上海外侨国籍,最多的时候达58个。1910年以前,英国人一直最多,其次是美、法、德、日、葡萄牙等。1915年以后,日本人跃居第一。1942年,在沪日本人达94768人,超过所有其他外侨的总和。

形形色色的外国人年复一年地在上海生活、工作,经商、办学、行医、传教、出版报纸、读书、跳舞、打猎、划船、赛马,当然还有走私、贩毒、犯罪,他们有自己的俱乐部,有各自的活动圈子,将世界各国的生活方式、生产方式、风俗习惯带到上海,将外国的物质文明、精神文明带到上海……所有这些,都对上海社会演变产生了极其广泛、持久、深刻而复杂的影响。

东洋戏法

外国马戏

西人跑马

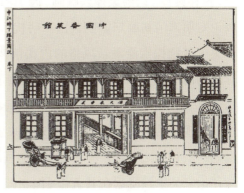

中国番菜馆

"海上画派"

　　自宋元以来，书画艺术几度风靡上海地区，明清以降，许多画家寓居于此，如赵孟𫖯、高克恭、任仁发等。及至明代后期，"松江画派"兴起，继明代"浙派""吴门画派"之后崛起的又一个全国性绘画流派，其中著名画家甚多，如赵左、莫是龙、顾正谊、陈继儒、程嘉燧、李流芳、沈士充等。"松江画派"又以董其昌为执牛耳者。

　　董其昌，松江华亭人，明代晚期著名的书画家，擅长山水画，师法董源、巨然、黄公望、倪瓒，笔致清秀中和，恬静疏旷；用墨明洁隽朗，温敦淡荡；青绿设色，古朴典雅；以佛家禅宗喻画，倡"南北宗"论，兼有"颜骨赵姿"之美，其画及画论对明末清初画坛影响甚巨。明代后期，"浙派""吴门画派"日渐式微，已经丧失了继续探索绘画新风格的内在精神支撑力和审美创造能力，以董其昌为实际领袖的"松江画派"在长期绘画实践过程中，整合、融汇历代绘画风格，适时提出追求"风神秀逸，韵致清婉""阴柔静穆、古雅秀润"之审美趣味，创建出具有主观表现性的绘画风格，一改唐宋以来主张客观性的绘画风格，为中国传统绘画刮起一股创新之风，引领了明末清初画坛的新风尚。与董其昌同时代的著名绘画评论家吴中顾凝远在其著作《国朝画评》曰："自元末以迄国初，画家秀气已略尽。至成、弘、嘉靖间复钟于吾郡。名流辈出，竟成一都会矣。至万历末复衰。幸董宗伯（董其昌）起于云间，才名道艺，光岳毓灵，诚开山祖也。"清初"四王吴恽"深受董其昌影响，接续"松江画派"衣钵，从中作出的新拓伸。

　　鸦片战争后，上海开埠，全国各地不少画家云集寓居，鬻画为生。他们上承

董其昌像

宋元绘画传统，吸取明末清初"松江画派"之特点，画风潇洒，但又借鉴民间艺术，甚至还吸纳了西洋绘画艺术手法，对传统中国绘画进行大胆革新，融贯中西，作品呈现时代生活气息，绘画风格独树一帜，此之谓"海上画派"。

"海上画派"主要的画家有"沪上三熊"朱熊、张熊、任熊；"海派四杰"虚谷、蒲华、任伯年、吴昌硕；"萍花九友"吴石仙、吴大澂、顾若波、胡公寿、钱慧安、倪墨耕、吴谷祥、金心兰、陆恢；"出蓝小才女"吴淑娟；"豫园书画善会"首任社长、"钱派"领袖钱慧安；"海上双璧"吴昌硕、王一亭；"海上四妖"曾熙、吴昌硕、李瑞清、黄宾虹，等等。其中，任伯年和吴昌硕二人，他们常年寓居老城厢，创作了大量杰出的绘画，为中国绘画发展作出了突出贡献。

任颐，字伯年，自幼受父亲绘画艺术的熏陶，花卉仿宋人法，后更悟八大山人之风格，长于用笔之法。任伯年是个传奇式人物，据传他童年参加过小刀会，

又有说是当过太平军的旗手。任伯年到上海卖画，主要是老城厢的笺扇店，他为笺扇店画扇面。他很欣赏比他大18岁已经成名的画家任熊，多临摹他的画。扇店为了赚钱，索性落款署名任熊。有一天，这些画被任熊看到，觉得的确像他的画，便问任伯年："任熊是你什么人？"任伯年随口说道："是我叔叔。"不料任熊大笑道："我就是任熊。"任伯年大窘。可是任熊却没有责怪，反而收其为弟子。"任伯年卖画"成为上海画坛的一段佳话。

任伯年

吴昌硕32岁来沪,得识任伯年,任伯年见他治印功力很深,便劝他学画,定有成就。从此,吴昌硕又以绘画驰名。自1913年后,吴昌硕寓居山西北路吉庆里直到1927年去世。他集"诗、书、画、印"为一身,熔金石书画为一炉,被誉为"石鼓篆书第一人""文人画最后的高峰"。在绘画、书法、篆刻上都是旗帜性人物,在诗文、金石等方面均有很高的造诣。吴昌硕能博采众长,兼收并蓄,将"四绝"融会贯通,特别是他以金石入印,入书,入画,以最传统的艺术因素和审美理想塑造了崭新的艺术风格和风气,不仅实现了让绘画体现野逸与高

吴昌硕

古之气,还把中国画推进到一个新的境界,对现代中国绘画界产生了极其深远的影响。同时,吴昌硕也重视提携后进,近现代著名画家如齐白石、王一亭、潘天寿、陈半丁、赵云壑、王个簃、沙孟海等人均得其指授。吴昌硕先后加入上海豫园书画善会、创立西泠印社并担任社长,他是海派画家后期的代表人物,也是中国近现代书画艺术上的关键人物,吴昌硕承前启后,堪称一代宗师。

由于"海上画派"有特殊的形成背景,诸如重视师承的关系,也得到赞助者的支助,因此很容易形成志同道合的团体,到了清宣统元年(1909年)三月,由姚伯鸿、汪仲山、黄克明首倡,吴昌硕、高邕、杨逸、蒲华、王一亭、程瑶笙、张善孖等人发起成立"书画善会"。书画善会以上海老城厢豫园为活动基地,设址于豫园九曲桥边得月楼上。书画善会收取会费,为会员代订润格、组织书画展销及推介书画家作品等。润金半归书画作者,半归书画善会存钱庄,凡遇有慈善赈灾之

事,则开会公议赈济灾民,并且长此以往,岁以为常。与传统雅集相比,善会有着相对严密的会员制组织形式和明细的章程,已具备了近代意义上的公益慈善机构的职能。书画善会不仅赈灾救济过甘浙鲁豫等省的水旱之灾,而且实行每年冬令施米、夏季送药的常规解困,取得了良好的社会声誉和广泛的艺术影响。

豫园书画善会成立之时,吴昌硕艺术正步入高度成熟期,虽长住苏州,但声名远播江浙沪渎,且与海上名贤任熊、任伯年、张子祥、胡公寿、蒲作英、陆廉夫、施旭臣、诸贞壮、沈石友等人交谊甚笃。是故善会之发起虽自海上,但尤看重吴昌硕的艺坛影响和地位,力邀共襄盛举。吴昌硕早年即遭遇战乱,多位亲人因饥病而殁,此后又半生逆旅,屡历穷途困境,对当时民间疾苦天灾人祸感同身受,因此对善会定下义卖书画赈灾这一主旨当有建言并乐于参与实行。在广施善举的同时,吴昌硕在善会中广扩交游,与诸多旧雨新知切磋艺事,相互砥砺,海上画坛由此益重吴昌硕。不数年后,除了少数前清的遗老寓公外、绝大部分也是豫园书画善会成员参加的另一大型书画金石艺术团体海上题襟馆,一致推举吴昌硕出任第二任会长。通过豫园书画善会这个平台,诸多海上画家汇集在一起,在内则交流画艺、互相提携;在外则义卖赈灾,扩大社会影响,获取了书画受众的好评和青睐。也正因为当年有这一批艺术家们高超的画艺和广阔的胸襟,才能开海上画派此后繁荣鼎盛雄视南北之势。

"海上画派"给中国传统国画带来了新风,并使得传统国画逐渐适应近代化的商品经济,同时他们摒弃了曲高和寡的传统文人山水画,让艺术走向了大众化,在中国国画历史上也有着重要的地位。

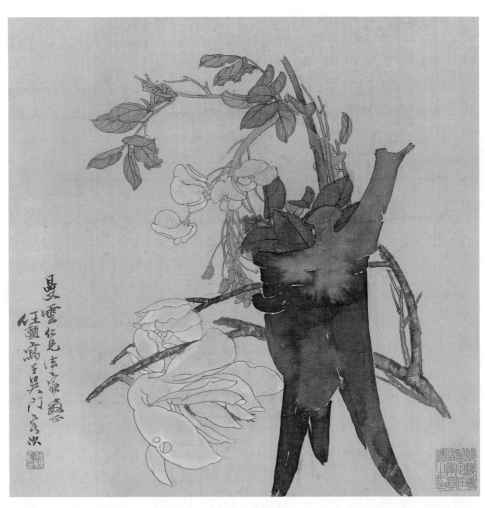

任伯年作品

营造四贤与鲁班庙

　　在上海城隍庙东的硝皮弄，曾有一处存世百年之久的鲁班庙，始建于1833年，本为城隍庙鲁班殿，1894年由上海浦东营造商杨斯盛、顾兰洲发起捐款，翻修一新，后来鲁班庙还成了上海土木业公所议事的场所。直到20世纪60年代，由于市政建设的需要，鲁班庙才被拆除。

　　何谓鲁班庙？鲁班庙顾名思义是祭奠鲁班的庙宇，鲁班名为公输班，春秋时鲁国人，故名鲁班，他是中国的土木工匠之祖，土木工匠拜师学艺之前要先拜鲁班。鲁班庙即为祭祀鲁班的庙宇，一般是由当地土木工匠建立，是营造工匠心中的精神殿堂，对于传统的营造工匠来说，能入祀鲁班庙，是对他手艺与人格的最好褒奖。

　　上海城隍庙旁的鲁班庙同样也是近代上海营造工匠们心灵的殿堂。早在1897年，上海营造业巨擘杨斯盛联络上海建筑业精英和上海绅士，将原"水木业公所"改组为"水木工业公所"，设在鲁班殿内，此后因为外帮营造商在公所里地位较低，遂自建公所，鲁班庙也就成了上海营造帮的行会公所活动场所，可以说，上海老城厢的鲁班庙是上海近代营造业转型与兴盛的见证，也是近代上海营造商与工匠们永远的精神寄托。

　　1947年，老城厢鲁班殿，举办了隆重的四贤入祠仪式。被请入鲁班殿的是四位德高望重的营造首领——杨斯盛（1851—1908年）、顾兰洲（1853—1938年）、江裕生（1855—1938年）、张毅（1883—1936年）。他们能作为营造的榜样进入鲁班殿，被社会供奉，是后人对他们的最高褒奖和深切怀念。巧合的是这四人皆为上海浦东人,他们为上海城市建设作出了突出贡献,又热心公益事业,堪称同时期上海营造业的楷模。

工界伟人杨斯盛

杨斯盛,浦东新区合庆镇青墩村人。家境贫寒的他从小学习泥工,早在13岁就前往上海谋生,经十多年拼搏,于1880年在上海开设近代史上第一家中国人开设的营造厂——杨瑞泰营造厂。清光绪年间,他承建外滩江海关北楼,一举成名,时称工界伟人、营造泰斗、上海水木业公所领袖董事、浦东帮建筑业的领袖,人称"近代建筑营造业的一代宗师"。杨斯盛在成就营造业的同时,为上海培养了一批知名的营造商,因而成为"本帮建筑业的当然领袖"。

杨斯盛同时又是位热心公益事业、社会活动的慈善家。他幼年遭失学之痛,壮年以琅琅诵读为乐,晚年则立捐产兴学之志。1905年,他在《捐产兴学启》中说:"值此国步维艰,不可终日,听名人言论,必以兴教育为救国第一义。私念仆亦国民也,以区区家产,与其传给子孙,使贤者损志,愚者益过,何如移作兴学,完成我国民一分子之义务,且使子孙与被泽焉。"

1904年,他在上海公共租界出资创建广明小学、广明师范讲习所。1905年继续出资10万两白银,于浦东六里桥购地64亩兴建浦东中学,并逐步增资至30多万两白银,占其家产总

杨斯盛

当代杨斯盛造像

值的三分之二。建成的浦东中学,为国家培育了大批优秀人才,因而享有"北南开,南浦东"的美誉。杨斯盛逝世之后,秉承遗训,浦东中学校董会及其家属,又继续创办了斯盛小学和斯盛中学。为了让更多的贫苦大众接受教育和传播革命思想,组织教师和学生开办了浦东中学夜校。

除了教育事业,杨斯盛同样热衷其他各类公益事业,1894年,他主持修建了鲁班殿,后又捐资创建上海医院(今上海市第二人民医院),改造浦东六里桥,捐资辟建今沈家弄路。

1911年,杨斯盛去世后的第三年,清政府对其褒奖超过了山东的武训,授以"花翎运同衔、盐运使衔",赐四品官及"皇封诰命"匾额,还宣付史馆立传,后列入《清史稿》。辛亥革命后,黎元洪、袁世凯也分别以所谓大总统名义批款1000

银圆，为杨斯盛铸造铜像，"以垂不朽，报功崇德"。著名学者胡适也对杨斯盛的人格和"毁家兴学"之举，十分赞赏。他在《四十自述》文集中，开卷第一篇就是《中国第一伟人杨斯盛传》。胡适先生曾应邀为浦东中学题词："杨公发愿为国家造人才，诸位同学应该发愿把自己铸造成器。"

石库门营造大师顾兰洲

顾兰洲同样生于浦东合庆镇，是杨斯盛的同乡，因家贫未上过学，11岁就到上海学习木匠手艺。后进入杨斯盛创办的杨瑞泰营造厂，因为工作认真、勤奋好学，深得同乡杨斯盛的器重和栽培。于1892年独资创办顾兰洲营造厂，承建了南京英国大使馆、先施公司等重大项目。在营建先施公司声名大噪之后，顾兰洲又转向房地产，成为营造界的领袖。

上海开埠之后，人口激增，需要大量住房，顾兰洲瞄准商机，开发出用地省、造价低的"石库门"建筑，在虹口、杨浦、南市计有2000幢左右；还在北京、天津、南京等地购地开发房产，成为上海著名的华人房产商。

顾兰洲也同样热心于公益事业。他自幼家贫，无力读书，吃尽了不识字之苦，故立志兴学，他参与创办明新小学、通惠小学、丛兰小学、懿光女校等。他也是中华职业教育社发起人之一，捐款建造中华职业教育社大楼。同时顾兰洲发迹之后不忘故乡，热心于浦东

顾兰洲

早期开发，尤其是1921年1月，顾兰洲和黄炎培、张志鹤等发起成立上川交通股份有限公司，垫款建筑上川铁路，1925年首期通车，1926年庆宁寺至川沙全线通车，对推动浦东早期开发发挥了重要作用。1923年，顾兰洲还在故乡蔡路三甲港择地75亩，创办顾氏植树场。其病逝后，上海营造界赞誉他"卒一生之精力，贡献于营造界，诚诸先进中杰出之人才也"。

西洋建筑宗师江裕生

江裕生，浦东新区周浦镇人。1865年，年仅10岁的江裕生拜著名营造家张裕田之父张裕泰为师，学习泥工。学成后，他在老城厢西门外义弄36号创办江裕记水木作行。1874年他创办江裕记水木作，承建早期租界西洋建筑。

江裕生家住老西门，当时有几位英国传教士借住江家。由于这层关系，江裕记营造厂与主营建筑设计的英商玛礼逊洋行、德商培高洋行等建立了业务联系，在19世纪末20世纪初建造了一批重要建筑。如公济医院、外滩的德国总会、德华银行，江西路上的谦信洋行、延安路上的大北电报局、电车总公司以及汉口的德华大学、牛庄的太古洋行等。

20世纪二三十年代，江裕生业务蒸蒸日上，承建的主要工程有：衡山路上的美童公学、华安大厦、女青年会大厦、八仙桥青年会，以及南京外交部大楼、中央博物院，等等。其中美童公学、华安大厦的镏金圆顶、熔中外建筑艺术于一炉的八仙桥上海青年会，均在上海著名近代建筑中占有一席之地。

江裕生对营造业行业团体的建设较为热心，他在杨斯盛、顾兰洲之后曾短期担任营造业同业公会的主席董事。主持期间为同业调解纠纷、施舍药品，出资数千元，与顾兰洲一起创办同业子弟通惠小学。江裕生次子江长霖、三子江长庚

20世纪20年代的华安大厦（现金门大酒店）

继承父业,后代从事建筑者甚多,堪称建筑世家。

同业公会的好管家张毅

张毅,字效良,浦东黄楼乡(今属浦东新区川沙新镇)人。1899年,他创建久记营造厂。受杨斯盛精神影响,早在1895年张毅与杨斯盛、顾兰洲、江裕生等一起,参与重修了上海老城厢鲁班殿。

1897年,杨斯盛发起组建上海水木业公所,把公所作为同业议事机关,以利于联合业界团结、发展。1908年,水木公所正式成立。作为水木公所创始人之一的张毅,与顾兰洲等创建水木公学,让泥水木工子弟免费读书求学,接着又和张继光等创办水木医院,为业界解决就医难的问题。由于在公所内受到广泛好评,1911年他被选为水木公所董事长。1930年,水木公所改组上海市营造厂同业公会,他因在公所内时间最长又被广泛肯定,因而被推为主席委员。

作为浦东同乡会重要骨干的张毅,1932年积极参与浦东同乡会会馆浦东大厦的筹建,为大厦组织100个募捐队,杜月笙任第一队队长,张毅任第二队队长,黄炎培任第三队队长。而个人捐款金额方面,张毅仅次于杜月笙。

张毅在上海留下不少营造代表作,如中汇大厦、东方旅社(今上海市工人文化宫)、广慈医院(今瑞金医院)等。

杨斯盛、顾兰洲、江裕生、张毅四人在近代上海营造业有着重要的地位,他们不仅仅在上海乃至全国各地留下了大量的优秀历史建筑,同时均热心公益,为上海教育事业、公益事业作出了突出的贡献。1947年,四人同入老城厢鲁班庙,可以说是对他们一生最大的肯定和褒奖,往事越百年,然而他们的精神却依然永存,也激励着后人砥砺前行。

名城旧影名图旧作

江南风情

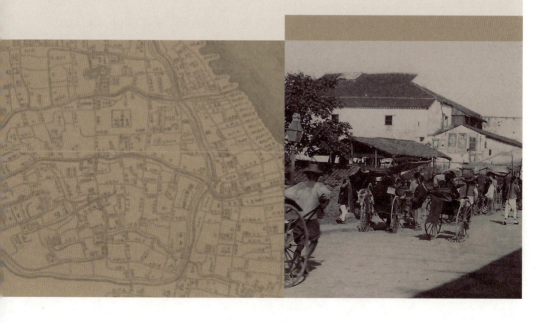

老城厢的名园春秋

上海老城厢，"人烟浩穰，海舶辐辏"，"市易日盛，户口繁多，民物富庶"。富贾官宦麇聚于此，兴筑宅园，造园之风盛极一时。

上海老城厢的筑园盛事大体分两个时期。一是在明代中叶至明末。如潘允端建豫园；陈所蕴筑日涉园；顾名世造露香园，合称为"明代上海三大名园"。筑园的同时，还精研园林之道，如顾名世之兄顾名儒的万竹山房，朱察卿的慈云楼，赵灼的九友山居，乔氏的风树园，进士赵东曦的半泾园，此外明末董其昌的柱颊山房，乔炜的南园。陵阜陂陀，假山连绵，巧夺天工，精美绝伦，令人叹为观止。

明清交替，上海老城厢园林或易主，或荒废，因而式微，康乾盛世，则开始复苏，在前朝旧园、废园的基础上，或复建，或改建，或新建，上海老城厢的造园进入了第二个鼎盛时期。如康熙朝，王陛良修素园；周金然建宜园，乾隆时为乔光烈居住，后园归郁氏，易名"借园"，民国时归王一亭，更名"梓园"。乾隆朝的李筠嘉在邢氏桃园旧址建吾园，内有带锄山馆、红雨楼、潇洒临溪屋、清气轩、绿波池等景物；绿波池上有鹤巢，频现仙鹤，园废后建龙门书院。清嘉庆年间，明代乔炜的南园几经易手归李心怡，改名"也是园"。园中有渡鹤楼、明志亭，锦石亭、海上钓鳌处等，旁设蕊珠书院；至清末，还有名噪一时的半淞园。

如今上海老城厢诸多园林或荡然无存仅遗其名；或残留部分并移为他用，唯豫园硕果仅存。然而那些曾经闻名遐迩的园林见证了上海老城厢的一段辉煌。

"沪城名园之冠"豫园

明嘉靖三十八年（1559年），沪城第一世家潘恩次子潘允端为"愉悦老亲"，以"每岁耕获，尽为营治之资"，将"旧有蔬圃数畦"改建别业，开始"聚石凿池，构亭艺竹"，"垂二十年，屡作屡止"，方建成精美绝伦的豫园。设计豫园的是当时赫赫有名的园林大师张南阳，他同时还为太仓王世贞设计建造过弇园，两园被世人誉为"东南名园冠"。

从潘允端自撰的《豫园记》中便可窥探当时建成后豫园的盛景：

（豫）园东面架楼数椽，以隔尘世之嚣。中三楹为门，匾曰"豫园"，取愉悦老亲意也。入门西行可数武，复得门曰"渐佳"。西可二十武，折而北，竖一小坊，曰："人境壶天"。过坊得石梁，穹隆跨水上。梁竟而高墉中陷，石刻四篆字，曰："寰中大快"。循墉东西行，得堂曰"玉华"，前临奇石，曰"玲珑玉"，盖石品之甲。相传为宣和漏网，因以堂名。堂后轩一楹，朱兰临流，时饵鱼其下，曰："鱼乐"。由轩而西，得廊可十余武，折而北，有亭翼然覆水面，曰"涵碧"。……自亭折而西，廊可三十武，复得门曰："履祥"。巨石夹峙若关，中藏广庭，纵数仞，衡倍之。甃以石如砥，左右累奇石，隐起作岩峦坡谷状，名花珍木，参差在列。前距大池，限以石兰，有堂五楹，岿然临之，曰："乐寿堂"。颇擅丹膜雕镂之美。堂之左右曰："充四斋"。……其右室曰"五可斋"……池心有岛横峙，有亭曰："凫佚"。岛之阳峰峦错叠竹树蔽亏，则南山也。由"五可"而西，南面为"介阁"，东面为"醉月楼"，其下修廊曲折可百余武。自南而西转而北，有楼三楹曰"征阳"，下为书室，左右图书可静修。前累武康石为山，峻嶒秀润，颇惬观赏。登楼西行为阁道，属之层楼，曰"纯阳"。……由阁而下为"留春窝"，其南为葡萄架，循架而西，度短桥，经竹阜，有梅百株，俯以蔽阁，曰"玉茵"。玉茵而

"玉玲珑"周身
多孔,纹理奇特,
姿态婀娜,具有
"透、漏、瘦、绉"
之美,相传是北宋
花石纲之遗物

东为"关侯祠"。出祠东行，高下迂回，为冈为岭，为涧为洞，为壑为梁为滩，不可悉记，各极其趣。山半为"山神祠"，祠东有亭北向曰"挹秀"。挹秀在群峰之坳。下临大池，与乐寿堂相望，山行至此，借以偃息，由亭而东，得大石洞。……由洞仰出为"大士庵"。……出庵门奇峰蠡立，若登虬，若戏马，阁云碍月，盖南山最高处。下视溪山亭馆，若御风骑气而俯瞰尘寰，真异境也。自山径东北下，过"留影亭"，盘旋乱石间，转而北，得堂三楹，曰"会景堂"。左通"雪窝"，右缀水轩。……乐寿堂之东，别为堂三楹，曰"容与"。琴书鼎彝，杂陈其间。内有楼五楹，曰"颐晚楼"。

豫园诸景堪为当时沪城一绝，潘允端飘然自夸"若余子孙，唯永戒前车之辙，无培一土、植一木，则善矣"。

根据《豫园记》记载，豫园尚未完工时，允端之父潘恩便已去世，豫园虽未实现潘允端的"愉悦亲老"之初衷，却将私家花园的效用发挥得淋漓尽致。当时上海众多名绅如董其昌、顾斗英、莫是龙、王天章等，都频繁出入豫园，还留下了不少诗句。

潘家在潘允端去世后便逐渐式微。至明末，豫园早已破败不堪，清康熙初年，豫园欲改建书院却半途而废。直到清乾隆初年，才由地方人士贱价购得，改为西园，重建这一"城市山林"，豫园遂与城隍庙融为一体。

近代以后，豫园屡毁屡修，难逃遭严重破坏的厄运。直到新中国成立后，豫园得以系统性地全面修复，重建被毁坏的古建筑，疏浚淤塞的池塘，栽植大量树木花草，才最终形成现在的豫园。

不是园也是园

也是园（南园）的第一个主人乔炜是明代著名抗倭名将乔镗的曾孙，在天启年间以"副贡入史局，历掌制诰、进起居注、纂修玉牒，官至礼部郎中"。此时的乔家显赫一时，乔炜在城中营建此园。然而好景不长，明朝灭亡后，乔炜也在顺治七年（1650年）逝世，乔家开始衰败。

乔炜营建的南园之后先被曹垂燦买下，大概在康熙初年（1662年），李心怡从曹垂燦手中买下南园产业，因其小巧玲珑，有"不是园也是园"之说，遂更名为"也是园"。乾隆年间，也是园的地产又被道士购买，并在院内建"蕊珠宫"道观。清道光年间，蕊珠宫又改建为蕊珠书院。

也是园

清道光十九年（1839年）的《沪城岁时衢歌》记载当时也是园（南园）的概貌："趁凉侵到南园，风飐池莲带露翻；倚偏曲栏干十二，小桥卧射朝暄。"

道光八年（1828年），观察陈公銮喜其水木清华，得山川之秀，葺为蕊珠书院，增建奎宿阁三层。方壶一角、海上钓鳌处、曲廊诸胜，园池宽广，池莲较他处尤为富丽。"画楼层折面山开，擎翠偏宜密雨催；清澈湖心听细细，凭窗凉待夜珠来。"

民国以后，也是园又成为政府办公用地。1937年"八一三"淞沪会战，也是园毁于日军炮火，所有建筑与文物荡然无存。20世纪50年代，园中名石"积玉峰"被园林学家陈从周发现抢救，现在置于豫园内，这或许是也是园目前唯一的遗留物吧。

露香园与"顾绣"

明嘉靖三十八年（1559年），官任湖南道州守的顾名儒购得城北黑山桥地块，筑万竹山居。其弟顾名世时任尚保丞，又在万竹山居东辟地凿池得旧石，上有"露香池"三字，为元代大书画家赵孟頫手迹，遂以名其园。

露香园广数十亩，主建筑为碧漪堂、堂后大假山名积翠冈，冈东有独茝轩。堂前是面积约十亩（6667平方米）的露香池，池上架朱栏曲桥。池西叠湖石假山，山南筑露香阁，阁东有供观音菩萨的潮音庵。此外，还有阜春山馆、分鸥亭等诸景。露香园中多桃树，水蜜桃闻名沪上，原龙华水蜜桃种据传亦来自该园。

露香园主顾名世之妾缪氏擅绣人物、佛像，又有顾媳韩氏仿宋元画入绣，劈丝精细，绣品气韵生动，于是名噪一时，称"顾绣"。清叶梦珠《阅世编·食货六》记载："露香园顾氏绣，海内驰名，不特翎毛、花卉、巧若天成，而山水、人物，无不逼肖活现,向来价亦最贵,尺幅之素,精者值银几两,全幅高丈者,不啻数金。"之后顾绣之名传遍江南。清代嘉庆年间以后,顾绣逐渐衰落,几至失传。

明末顾氏衰落,崇明水师驻该园,假山水池堂宇均受破坏。清初园仅存古石二三,池水亩许。清道光十六年(1836年),徐渭仁修葺露香园,浚池叠石引泉,池东筑秋波亭(后易名秋水亭),建万竹山房,大体恢复园林旧观。

鸦片战争时,园中设火药局,道光二十二年(1842年)春,火药库失火爆炸,全园俱毁。后来园址成为演武厅校场(阅兵场)的一部分,俗名"九亩地"。民国初年在此建万竹学校,今为上海市实验小学。现今露香园作为街道名使用至今。

日涉园中的书隐楼

"日涉园居沪海陈,景图卅六主人身;传经陆氏添书屋,小隐淞南画赐臣。"陈即陈所蕴(字子有,号具茨山人),明万历十七年(1589年)进士,历任刑部员外郎、江岳参议、大名副使、河南学政等职。陈所蕴购进与他家贴邻唐姓人家的约40亩土地,营建私家花园。花园营造历时十多年,以后又屡次增建,陈所蕴嗜好泉石,曾集太湖石、英石、武康石等数以万计于园内,又以六十金价购买五块太湖石,立为五峰,名"五老"。

陈所蕴在花园建成后曾作诗云:"会心在林泉,双屐足吾事;朝斯夕于斯,不知老将至。"他的朋友李绍文和诗:"为圃与为农,岂是公卿事;园林最近家,不妨日一至。"陈所蕴取友人和诗中的"不妨日一至"将花园取名"日至园",后考虑到"日至"的读音不和谐,又将"至"改为"涉",从而名为"日涉园"。

书隐楼现状（顾歆豪摄）

　　园林建成后计有尔雅堂、素竹堂、飞云桥、来鹤阁、明月亭、桃花洞、殿春轩、友石轩、五老堂、啸台等三十六景点，后归纳为"日涉园三十六景"，并作有《日涉园记略》。文人墨客也合作以日涉园三十六景为对象作画，陈所蕴将其汇编成册，取名《日涉园图》（也叫《日涉园三十六景图》）。

　　陈所蕴去世后家道衰落，该园在清康熙年间由陆明允收买。陆对园内景点做大规模调整和重建，并在园内增建了一幢取名"传经书屋"的藏书房。陆明允的曾孙陆锡熊总纂《四库全书》有功，乾隆皇帝特赐有皇帝御题的杨基《淞南小隐》图轴，为感激皇恩，同时"淞南小隐"恰巧是他父亲陆秉笏的别号，于是，他又将藏书楼"传经书屋"改名为"淞南小隐"。后请沈初题匾额，满腹经纶的沈初知道"淞南小隐"多少带有退归林下或解甲归田之意，对当时正在任上的陆锡熊不适宜，而且容易引起皇帝的误解，于是将匾文改为"书隐楼"。因此，"书隐楼"实为"日涉园"的一部分。后来，陆氏家道衰落，住宅被分批出让，园林大部分被改建为住宅，书隐楼和小部分旧园遗址为"郭万丰船号"买下。因该宅大厅还保存沈初所题"书隐楼"匾，一度被误以为沈宅。

　　如今，书隐楼仍然遍布砖雕木刻，内宅砖雕门头上有"古训是式"匾额及"文王访贤""穆天子见西王母"等图，宅楼东西侧及两厢连接处的砖屏"三星祝寿""八仙游山"图等为国内砖雕珍品。1987年书隐楼被列为上海市文物保护单位。然而，产权问题成为书隐楼修缮的最大障碍，由于长期得不到彻底修缮导致书隐楼破败不堪，部分房屋摇摇欲坠，精美木雕构件损坏严重。2018年，在上海市政协文史委开展的"传承文脉，保护城市历史风貌"专题调研中，专家们还特地实地考察书隐楼的现状，为书隐楼的修缮保护以及未来的活化利用积极献计献策。

半淞园的春秋往事

清宣统元年（1909年），天主教徒沈志贤在黄浦江小汊港口，购地建造一座园林。全园以一座厅堂为中心，因四周遍种玉兰，题名"玉兰堂"，园内还有草坪、小池、花圃以及几座亭子，亭子顶上不像其他传统园林多饰以葫芦、宝瓶、凤凰、仙鹤之类，而一律是十字架。

沈志贤有个亲家姚伯鸿，与当时的名士孙王声、潘兰史、夏敬观等游览了沈家花园，都认为该园地临黄浦江，景色甚佳。姚伯鸿是个商人，认为如果将其扩大，增添游乐设施，公开开放，必能获利，遂与沈志贤商量。由于沈志贤是个虔诚的教徒，因此予以拒绝。姚伯鸿便在沈家花园毗邻购地造园，以杜甫《戏题王宰画山水图歌》中诗句"焉得并州快剪刀，剪取吴淞半江水"，取名"半淞园"。

园内造听潮楼、留月台、鉴影亭、迎帆阁、藕香榭、江上草堂、又一村、群芳圃、水风亭等景。园门上置"江天揽胜"匾额，长廊曲折环水，顶部有紫藤，四壁遍嵌玻璃板所印之《快雪堂书帖》，观景甚美。此外，在园内开设杏花楼酒店，实乃茅屋三间；另有碧梧轩茶馆、红楼西菜社、江华春素菜馆等。后又开辟跑驴场，秋季举行蟋蟀比赛。自半淞园开园后，游人纷至沓来，络绎不绝，使得沈志贤的园子很不安宁，无可奈何之下，只得并入半淞园。

1918年8月2日，茅盾与郭沫若两位大文人的初次见面就是相约在半淞园会晤。1920年5月8日，毛泽东等来到半淞园，欢送新民学会部分会员赴法勤工俭学，其中有《天问》主编彭璜、诗人萧子璋（萧三）、劳启雄（后为许德珩夫人）等，并摄影留念。1928年3月12日，为纪念孙中山逝世三周年，将此日定为植树节，就在半淞园内举行首届仪式。20世纪20年代在这里还举行过划船比赛，每

民国时期的半淞园

年端午节在这里举行"端阳竞渡",热闹非凡。

　　1937年"八一三"淞沪战争爆发,半淞园遭日机疯狂轰炸,成为废墟。后在遗址上建造了工厂、民居等,仅留下半淞园路。上海申请世界博览会成功后,半淞园地区被划入世博浦西园区。2005年,世博园区居民开始动迁,半淞园地区华丽转身在世博会中成为城市最佳实践区。

城隍庙里的茶楼与戏园

"莺歌燕舞常三五,一城烟花半东南",老城厢是上海文化娱乐中心。清同治、光绪年间,城隍庙从庙宇蜕变为商场,众多的茶楼雨后春笋般地出现,为满足往来客商的文化娱乐需求,它们多附设戏园书场。上海最早的营业性戏院——三雅园于19世纪50年代在此设立,上午卖茶,下午搭台演戏。《上海洋场竹枝词》中"茶寮每有说书人,海市蜃楼幻作真。一扇一瓯聊佐讲,偷闲争听味津津",便是当年城隍庙茶楼戏园盛景的真实写照。

小刀会撤退时与清军激战,邻近县署的三雅园毁于战火。几年后,在法租界小东门外沿浜一号栈内,形成"戏馆街"。民国以后,"九亩地"与毗邻的"吉祥街个卜邻里"戏馆街连成一片,集中了歌舞台、新新戏院、新剧场、小世界、齐云楼茶馆(喜云楼戏院),以及伶人公所"榛苓学堂"和梨园公所,形成了"九亩地"剧场圈。尤其是1916年十六铺新舞台迁入,不仅带动了上海戏曲戏剧事业的繁荣发展,而且还将中国传统京剧的改良推向高潮,为海派京剧的兴起创造了历史条件。

这里还是上海茶楼书场的总汇,著名的有得意楼、逍遥楼、群玉楼、赏乐楼、玉液春等,也是沪上评弹艺人集中的场所。外地来的评弹艺人要出名,非到此历练不可,所以这里是评弹艺人走红上海,走向全国的"摇篮"。

春风得意楼

"春风得意说书楼,弦索铮铮意悠悠。茶叙清晨更热闹,喧哗不绝笑声留。"

民国时期，春风得意楼与湖心亭茶楼迎面相望

说的就是沪上规模最大、生意最兴隆的茶楼——春风得意楼，也称"得意楼"，创建于清光绪年间，地处萃秀堂南侧，面临九曲桥，与湖心亭相望。楼前红漆木柱上有一副赭底金字楹联："上可坐下可坐坐足，你也闲我也闲闲来。"登楼凭栏环顾，豫园风光、邑庙市景尽收眼底。

老上海不少名人大亨经常光顾得意楼。有一次，民国元老吴稚晖来得意楼喝茶，与几个本地茶客闲聊。其中一人突然惊讶地说："你莫非是党国要人吴……"吴稚晖立即打断："吴什么，无锡老头子，面孔都差不多，你不要看错人！"说罢哈哈大笑。黄金荣早年在豫园萃华堂裱画店当学徒，也是得意楼常客。黄楚九早年来上海闯荡，曾在得意楼前摆药摊，从这里发迹。

得意楼厅屋宽敞，有座位千个，从早到晚茶客不断，过往客商歇脚，各大行业聚会，文人墨客雅集，衙门书吏、包打听、青楼女子也混迹于此。光绪二十四年（1898年）《申报》报道，得意楼容留妇女"弹唱淫词小曲"《玉蜻蜓》《三笑》《双珠凤》等，被县衙罚款1000大洋。

喝茶往往与谈生意结合在一起，沪上布、豆、药、钱、糖等各业商人和手工业者络绎不绝，形成茶楼中的"行业"茶客。一批被称为"白蚂蚁"的房地产捆客最为活跃，租屋、顶屋，人气旺盛，得意楼又有了"顶屋市场"的别称。得意楼开张初期，每天有几个洋人来临。他们头戴礼帽，肩挎广告牌，嘴里衔着香烟，一边向茶客散发"品海"牌香烟，一边用生硬的上海话说："香烟好唻！"他们是老晋隆洋行的推销员，得意楼、湖心亭是他们宣传洋烟的首选地。

二楼曾辟象棋专座，各路棋手前往对弈、切磋，棋王谢侠逊常去献艺。20世纪50年代初，此处曾作为上海象棋队的表演场所。胡荣华少年时在这里战胜高手陈昌荣。赛后，陈昌荣抚摸着胡荣华的头说："小鬼，你下得不错。"胡荣华后来经常回忆起这一幕"永生难忘感人肺腑的情景"。三楼设鸟市茶座，百鸟和鸣，争奇斗艳，形成一道亮丽的风景线。茶楼还提供水斗和笤帚，免费冲洗鸟笼。1948年5月，在此举行黄鸟竞赛会，千余只黄鸟上阵厮杀，场面蔚为壮观。

得意楼开设三个书场，说书艺人日夜两场，有时还加早场。评弹名家夏荷生、徐云志、沈俭安、薛筱卿等常来开场说书。据报载，有一次夏荷生演出《描金凤》，因说噱弹唱俱佳，听众蜂拥，"场内人满为患，楼面欲坍"。新中国成立后，得意楼生意渐趋清淡。1958年豫园改建时得意楼被拆除，其旧址在今豫园售票处一带。

"湖心亭"茶楼

"湖心亭"茶楼是上海滩最负盛名的茶楼。湖心亭原系明代嘉靖年间由四川布政司潘允端所构筑，属豫园内景之一，名曰凫佚亭。清乾隆四十九年（1784年），布业商人祝韫辉、张辅臣等人集资在凫佚亭旧址上改建成湖心亭，作为布商行人聚会议事之场所。

鸦片战争后，上海开埠，上海布商行业日渐式微。清咸丰五年（1855年），青蓝布业将湖心亭出售，由购得业主用来开设茶馆，名为也是轩茶楼，为上海滩最早的茶楼。湖心亭遂成为商人洽谈生意和游客品茗、会友的场所。时人作《上海市景词》中有这样一首："豫园热闹在春秋，仕女纷纷结伴游，随意品茶看戏法，湖亭行过又登楼。"

清宣统年间，茶室主人因赌博亏空，遂于宣统二年（1910年）将茶室出让给刘存厚，继续开设茶楼，并改名为"宛在轩茶楼"，寓意湖心亭宛如在画中。当时，湖心亭分内外厅，内厅茶比外厅贵，楼上则是雅座，每日上午还有一班音乐爱

晚清湖心亭

好者吹奏民族乐器,供茶客欣赏。旧时有对联曰:"湖心品茗,环顾池中鱼跃;亭上观景,舒目桥畔人熙。"湖心亭由于其得天独厚的地理位置和清新、高雅、脱俗的品位,很快成为当时沪上最高档的茶楼,在湖心亭喝茶品茗不但环境雅静,而且成了身份地位的象征。

湖心亭茶楼的茶客里,颇多文人雅士,他们常常酬唱应和,吟诗作画,日久天长,湖心亭渐渐成为老城厢内最有雅趣的茶楼。以《海上繁华梦》著称于世的清末民初上海著名作家"海上漱石生"孙玉声就特地为湖心亭撰写过脍炙人口的七律:"湖亭突兀宛中央,云压檐牙水绕廊。春至满阶新涨绿,秋深四壁暮烟苍。窗虚不碍兼葭补,帘卷时闻荇藻香。待到夜来先得月,俯看倒影入银塘。"当年大世界的创办者黄楚九也最喜欢邀约几个朋友到湖心亭临窗而坐,边品茶边赏景,一起说古论今,谈文作诗,商酌事宜。与黄楚九在湖心亭茶楼经常饮茶的朋友中除海上漱石生外,还有著名书法家"天台山农"刘介玉、书法家兼画家"七子山人"朱染臣、广告师周名刚,以及刘山农、何铁珊、陈燮龙、张横海、陈蝶仙等文化名流。

1924年,城隍庙大殿毁于一场大火,波及九曲桥木栏杆。当时的邑庙董事会重建大殿时,将原先石木结构的九曲桥改建为钢筋水泥结构。茶楼业主刘存厚利用这一契机,在湖心亭后加建了一座方形茶屋,后来又加建了楼上的两翼小楼,也是飞檐翘角,黛瓦朱栏,与原来的湖心亭混为一体,使茶楼上下增加了120余平方米的面积,生意更为兴隆。而九曲桥则由海上闻人杜月笙、黄金荣等集款重建,改建成水泥桥,九曲十八弯,可谓"水心亭子夕阳红,九曲栏杆宛转通"。

每年新春初一至初五,湖心亭茶楼天天供应新年元宝茶。何谓元宝茶?元者,初始也,宝者,财富也。大年初一到茶楼喝"头茶"元宝茶,这在清末民初就

豫园茶楼

已成为一种流行的风气。大年初一，人人争登湖心亭茶楼喝茶，为的是讨一口大吉大利大发财的元宝茶。茶客登上湖心亭茶楼后，在茶博士的贺喜声中落座。茶博士上茶时，盖碗上放着两个青橄榄，客人拿起青橄榄，用牙咬一口，然后和茶叶一起放在盖碗中冲泡，几分钟后，茶香中飘起淡淡清香。这时，茶客左手托碗底，右手用盖轻拂茶叶，然后右手拇指和中指托碗，食指点盖，呷三口茶，谓之品元宝茶。盖碗又称"三方杯"。托为地，盖为天，碗为人。故曰三方杯。所以新春喝元宝茶又有"升官、发财、中举"之意，体现了人们对新的一年美好的祝愿。当年，上海滩大亨黄金荣特别喜好喝元宝茶，他在对着正门的中央位置，摆一张红木八仙桌，两边各放一只红木太师椅，作为自己的专座。黄金荣不常来，但桌椅却长年保留着，而且谁也不敢去坐。每年的大年初一，黄金荣必然会前呼后拥地前来。当他坐定后，茶博士就给他上茶。黄金荣呷了一口茶后，就吩咐那些随从："来呀，把这银圆给赏了。"于是，等在门外的徒子徒孙鱼贯而入，一个个向黄金荣三叩首拜年领赏。

抗日战争期间，城隍庙一带辟为难民区，后又被日军占领，城隍庙内茶室大都倒闭，湖心亭茶楼也一度停业。新中国成立后，宛在轩茶楼由公私合营改为国营，更名为湖心亭茶楼。"文革"期间，茶楼生意空前萧条，民乐队被迫停止活动，湖心亭茶楼也一度更名为"工农兵茶室"，至20世纪70年代，偌大的城隍庙内仅湖心亭茶楼硕果仅存了。

改革开放以后，湖心亭茶楼得到全面的修缮和恢复，不仅面貌焕然一新，而且品质也得到了提升。1986年，英国女王伊丽莎白二世访问上海，在游览豫园期间，步上湖心亭二楼，在靠近东窗的一张红木圆桌旁就座。她居高临下，环顾四周，顿时被古典园林和庙市风光所吸引，连声说："这儿的风景真美！真美！"服务员为她端上了用紫砂茶具冲泡的一壶特级狮峰龙井茶。伊丽莎白二世一边喝茶，一边欣赏优雅悦耳的江南丝竹。从此，湖心亭茶楼身价骤增，先后接待了加拿大前后两任总督、柬埔寨国家元首、瑞典首相、澳大利亚总督、日本首相、罗马尼亚总理、挪威首相等国家元首和政府首脑。世博会期间，接待了萨摩亚副总理兼贸工、旅游部长米萨·特莱福尼·雷茨拉夫、捷克副总理兼外长扬·科胡特、美国参议院前临时参议长特德·史蒂文斯和世博会参展方近百名官方代表等多批贵宾。湖心亭的知名度也因此与日俱增，海内外游客纷纷慕名前来。2013年9月7日，中国邮政发行了四枚一套的名为《豫园》的特种邮票，其中第一张就是湖心亭，这在全国同行中也是第一次。

新舞台

清光绪三十四年（1908年），由老城厢商会出面，在信成银行经理沈缦云、姚伯欣等支持下，会同曾留日的京剧演员夏月润、夏月珊兄弟和上海京剧名伶潘月樵在小东门十六铺建造有别于当时传统旧式茶园的新舞台，是中国第一家新式剧场，也是最早试用灯光布景的戏曲剧院。

新舞台的构造设计借鉴日本东京戏院样式，将带柱方台改建成半月形、镜框式舞台，舞台中间还设有转台装置，两边搭有硬片与戏房（化妆室）隔开。顶部上空建一木质天桥，遇演雪景时撒纸屑作雪片。台下挖有地窖盛满水，可演水景戏。新舞台实行卖票制，为国内改革旧剧场的旧习开了先河。

新舞台不仅是个剧场，还是一个京剧表演团体。潘月樵、夏月珊、夏月润等人均为当时戏剧改良运动的实践者。夏氏兄弟的父亲夏奎章在清同治六年（1867年）即到上海。光绪二十六年（1900年）夏月珊、夏月润二人接办"丹桂胜记茶园"，光绪三十年（1904年）夏氏兄弟邀请潘月樵加入丹桂茶园，不久之后共同投入戏剧改良的活动中。夏月珊的弟子冯子和曾到商务印书馆学堂学习英文、西洋音乐和歌舞，在编写新式剧本方面颇有建树。

新舞台除了布景与道具的大改革，在演员表演形式上也借鉴融合了西方话剧的元素，一改传统戏剧中的脸谱化、古装化以及"写意化"的动作，形成了演唱文辞通俗化、场景写实化、表演生活化的特色。

新舞台所上演的新戏也紧随时代的步伐，如《四收关胜》《八戏迷传》《卖橄榄》《新荡湖船》《目莲救母》《血手印》《新茶花》《黑籍冤魂》等剧，"诙谐百出，妙诸环生，真为解颐之绝品"，突出响应了当时社会所普遍提倡的进步舆论、流行的民族思想以及社会改良观。

新剧《华伦夫人
之职业》剧照

新剧《茶花女》
剧照

新剧《黑籍冤
魂》剧照

夏月珊（左）、夏月润（中）、潘月樵（右）

　　正是由于新舞台所带有的进步性，它也成为政治宣传的舞台。1912年辞去大总统职位的孙中山曾多次到新舞台观剧，并对新舞台的改良传统戏剧表示赞赏。孙中山曾亲书"光复沪江之举动""急公好义""热心劝导"分别赠予沈缦云、潘月樵和夏月珊。孙中山亦曾在新舞台发表过"编演新剧，提倡革命，社会中因而感动，得奏大功"，并将题字"警世钟"的幕布赠予新舞台。当时，《申报》以《新舞台之警世钟》为题登报报道，这恐怕是对新舞台的最高评价吧。

　　后因十六铺地区事故较多，华界戒备，影像营业新舞台便迁至露香园九亩地。1927年，上海工人第三次武装起义，在新舞台召开市民代表大会，成立上海特别市临时政府。同年，新舞台在演《走麦城》时失火而焚毁。

小世界

1918年,在城隍庙北部(今福佑路、豫园商场西侧一带),建了一座简易的公共场所,初名"劝业场",是供销老城厢出产的手工业商品的商场,还出版过《劝业报》作为宣传广告。不久,"劝业场"毁于火灾,后由李姓商人出资,重建三层具有巴洛克风格的西洋楼作为娱乐场,底楼唱京戏,二楼唱绍兴戏,三楼是夜花园,喝茶兼听戏,因规模小于延安东路西藏中路口的大世界,故称"小世界"。

"小世界"演出的有昆曲、绍兴文戏、文明戏、杂耍魔术、歌舞、苏锡滩簧、说书,另设电影专场,曾放映《关东大侠》和外国滑稽影片等。三楼还有个特色专场,专演"独脚戏",有陆希希、陆奇奇兄弟、丁怪怪以及"滑稽戏三大家"王无能、江笑笑和刘春山等第一代滑稽戏演员来演出。

"小世界"里的申曲(即沪剧),有由丁婉娥、丁少兰夫妇组成的"婉兰社",丁婉娥本姓金,居城内,幼时即喜唱曲,拜丁少兰为师,后成为夫妻。他们首创化妆申曲,时常排演时装新戏而受到欢迎,后来两人分手,丁婉娥创办"婉社"儿童申曲班,招收儿童学申曲,其中有丁是娥、王秀英、杨飞飞、筱爱琴、朱介林、朱介生等,后来都成为沪剧泰斗。

"小世界"底层是"大京班",文武老生单德元为主角,专唱海派连台本戏《薛家将》等。当时孟小冬年仅10岁,也在"小世界"演出"折子戏",颇引人瞩目,后转至"共舞台"与露兰春合演《宏碧缘》,一举成名。

1922年11月13日,路经上海的爱因斯坦游览城隍庙,到"小世界"观看昆剧,可见"小世界"在当时老城厢的娱乐中心地位。1931年,"小世界"被上海大亨黄金荣收购,1949年上海解放后为百货供销商占用;1956年部分改作邑庙区文化馆,1957年5月1日正式对外开放。1960年,该馆与蓬莱区文化馆合并,底

小世界今貌（顾歆豪摄）

层改为文化电影院。2002年10月由复兴集团出资将小世界改建成一个集休闲、餐饮、会议为主的非开放性高级会所。

如今,春风得意楼、新舞台、小世界等早已作古,硕果仅存的湖心亭茶楼已成为上海知名度极高的标志性茶楼,被誉为"中华第一茶楼"。

漫话老城厢节令习俗

　　岁时节令对于我国传统社会中的民众而言具有极其重要的意义。过去,上海老城厢和江南其他地区一样,在春节、元宵、清明、立夏、端午、重阳、冬至等传统节日中,有各种形式的节俗活动或仪式,如立夏称重、吃芋头和煎饼;清明放风筝和扫祖墓;端午节吃粽子及划龙舟;中秋吃月饼和走月赏景等。

　　然而历史上,上海的通江达海所带来繁荣的商贸、移民社会所形成的社会人文环境,尤其是道光二十三年(1843年)的开埠急速将上海推入近现代化都市,最终导致了上海老城厢的岁时节令习俗既保留了传统,又呈现出开放兼容、趋新善变的都市化特征。在这个历史过程中,上海老城厢旧陋民俗的消亡和传统习俗的简化;同时,新民俗并与传统民俗有机融合,这种演变正是上海城市性格——海派文化的呈现。

上海滩最有年味的地方——豫园灯会

　　豫园灯会是元宵节期间上海豫园一带举办的一项影响力盛大的传统民俗活动。

　　据传,汉代时上海的松江地区就有了由刘濞引入的扬州灯会文化,元宵赏灯的习俗随之在上海流行起来。明清期间,城隍庙、豫园一带是松江府上海县县治所在地,成了上海最繁华热闹的文化场所之一,此处的元宵灯会也变得日趋成熟。王韬在光绪元年(1875年)刊印的《瀛壖杂志》中如此记载当年豫园灯会的盛况:

豫园灯会

　　"城隍庙内园，以及萃秀、点春诸胜处……正月初旬以来，重门洞启。嬉春士女，鞭丝帽影，钏韵衣香，报往跋来，几乎踵趾相错，肩背交摩。上元之夕，罗绮成群，管弦如沸，火树银花，异常璀璨。园中茗寮重敞，游人毕集。斯如月明如昼，蹀蹀街前，惟见往还者如织，尘随马去，影逐人来，未足喻也。远近亭台，灯火多于繁星，爆竹之声累累如贯珠不绝，借以争奇角胜。若其稍作断续声者，辄以为负。宵阑兴剧，正不知漏箭之频催也。春原富贵，国几长春，夜亦风流，天真不夜，北门管钥，亦为竟夕不键，殆所谓金吾不禁欤。斯亦风月之余情，承平之乐事。"

　　民国时期，虽社会动荡不堪，但城隍庙元宵灯会的习俗还是延续了下来，没有中断。当时《申报》等报刊对于老城厢元宵灯会也多有记载。民国以后，管理城隍庙的邑庙董事会虽然已不复存在，但在城隍庙观花灯闹元宵的习俗还是一直延续，直至"文革"时期中断。1979年，城隍庙元宵灯会恢复，到1992年为止，时断时续举办过八届。

1995年，豫园商城股份有限公司开始承办灯会，正式命名为豫园新春民俗艺术灯会（简称"豫园灯会"）。豫园灯会自此每年举办，从农历正月初一至正月十八，为期十八天，以当年的生肖为主题。豫园灯会坚持和传承传统的民俗制灯工艺，同时还积极努力创新，根据每年不同的主题，推陈出新，有效尝试现代科技融入灯会，为传统灯会注入新活力，将民俗文化推至新的高度。

明代时，上海县城元宵节还流行一种叫"走三桥"的习俗，据文献记载，元夕妇女群游，祈福保佑。一般三五成群，最前面有一人手里持香，见有桥处，互相牵手而过。清代上海人秦荣光在《上海县竹枝词·岁时》用"是夜倾城出游"来形容当时"走三桥"的盛况。在豫园灯会的民俗活动中的"走九曲桥"是"走三桥"的延续，是每一个游园游客几乎必参加的活动。

九曲桥是以湖心亭茶楼为中点左右各九曲共十八弯。每个弯曲的角度大小不一，有大于90度的，也有小于90度的。九曲桥的桥面为花岗石板，每一弯曲处的石板上均雕刻着一朵季节性花朵，如正月水仙、二月杏花、三月桃花……直到十二月腊梅；九曲桥头尾的两块石板上各雕刻着一朵荷花。"九"是数字中最大的单数，古有"九九归一"和"九五之尊"之说，都是对"九"这个充满吉祥、尊贵的数字的向往；而九曲桥，曲折迂回，意寓曲折的人生之路，坦坦荡荡地走过了，不就可以"一马平川"了吗？所以每逢过年，尽管九曲桥上人头攒动，但人们还是愿意挤到那里去"轧闹猛"，哪怕是排上数十分钟的队伍，也愿意将自己慢慢地融入其中。

老城厢"走三桥"习俗

俗话说,"过年走走九曲桥,一年烦恼都扫光"。如果看豫园灯会却没有走过九曲桥,那一定会感觉缺少了什么。

"海派年画"小校场年画

新春佳节张贴年画是中国人的传统习俗,上海老城厢也不例外。明清以来,苏州桃花坞、天津杨柳青、山东潍坊、四川绵竹成为中国四大年画生产基地,特别是苏州桃花坞年画几乎占领了整个江南地区。据文献记载,至迟清嘉庆年间已有商人在上海邑庙西首的演武场(又称小校场,今天的旧校场路一带)择址售卖年画,渐渐地小校场地区成了上海著名的"年画一条街"。

咸丰十年(1860年),太平军攻陷苏州,大批桃花坞年画业主和工匠来到上海,在小校场地区重操旧业,一时上海的年画市场空前繁荣。然而上海自开埠之后受西方文化影响,传统的年画题材和形式已不能迎合市民的审美需要。许多店铺邀请了一批近代画家参与创作,在题材方面更注重反映上海本地的习俗和社会生活。年画笔法趋向写实细腻,人物比例恰当,线条精美严谨,在设色上也一反传统年画的大红大绿,而采用浅红、淡绿诸色,显示了城市居民新的审美情趣。光绪十年(1884年)以后,"海上画派"著名画家吴友如、钱慧安等人也参与了年画的创作,由此逐渐形成了富有上海特色的"小校场年画"。

传统题材的年画主要是吉庆喜乐的内容,以体现传统社会生活为主。然而,小校场年画除了传统题材外,还有反映上海租界生活和洋场风俗为题材的作品,而且一些新闻事件在上海小校场年画中也有体现,它充满了城市生活气息。对于新鲜事物、时事的这种关注,这是上海小校场年画所独有的,在其他传统年画中很少有这样的内容。同时,小校场年画还反映了上海市井各业的年画,如

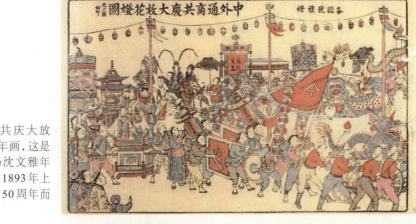

《中外通商共庆大放
花灯图》的年画,这是
上海小校场沈文雅年
画铺为庆祝1893年上
海开埠通商50周年而
刻版刊印的

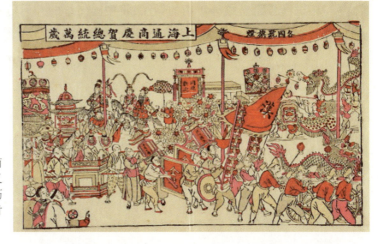

十多年后《中外通商
共庆大放花灯图》又
被年画商们翻出来,巧
妙地移用来表现当时
震惊中外的辛亥革命

《三百六十行》等年画生动再现了修马桶、糖炒栗子、卖成衣、卖水、修电灯、接电话线等上海滩新旧行业的风貌。

如果要考察上海清末民初时期民俗和语言的流变，小校场年画也是十分珍贵的形象资料。另外，在表现杨家将、孟姜女等一些长篇历史故事时，画家会将整幅作品分割成四到八个相等的小画面（后来又有分割成十多个画面的），每幅图画有大量文字，拼合起来就是一幅精美的连环画。

小校场年画也催生了上海"月份牌"的诞生。"月份牌"最初是洋商们在商业竞争中为推销商品所做的广告宣传画。其表现形式是从中国传统年画中的气象表、日历表牌演变而来。当时洋商为了招徕顾客获取更大利润，展开广告攻势。他们一开始把外国现成的西洋人物和风景画片作为推销商品的广告，随货物赠送客户。但是中国人对这些西洋画片反应冷淡，效果不好，于是他们转变策略，学习中国商号赠送顾客年历的做法，将中国传统的神话传说、历史故事、戏曲人物、美女寿星等内容印在广告上，采用中国的人物画及工笔仕女画笔法绘制，并在画面的上方或下方印上中西月历节气。洋人在销售商品或者逢年过节时就把这种广告画随商品赠送给顾客，很受欢迎。

小校场年画是各类传统年画中诞生最晚、消亡最早的，历史不过一百余年，不过它的诞生和消亡，都与其生存环境有关，上海近代都市性也使得小校场年画独具一格。

四季芬芳看花会

当代上海看花会是一件极为稀松平常的事情。过去，上海常有花会，并相沿成习。晚清民国时代，花会可以算得上一桩节庆盛事，晚清的《上海县续志》

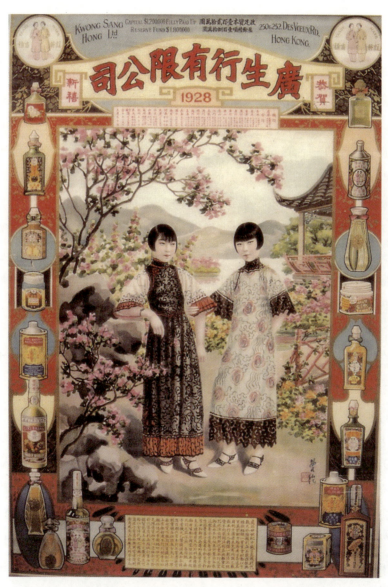

郑曼陀绘广生行有限公司驰名品牌"双妹"月份牌

还将豫园花会列入"岁时",可见在当时花会已经深入人心。其中,最负盛名的则要数在豫园举办的兰花会和菊花会了。

　　每年农历四月中旬,在豫园举办一年一度的兰花会,由老城厢行业公会主持。参会者除园艺家、花农外,还有工商业主和士绅。展出他们精心栽培的各种兰花,品种多达1000余种。参展的兰花,有以香味为主,有以色彩夺目,有以形态为重,也有的三者并重,还配上各式盆景,更添风采。参展者还会根据兰花的特点,分别给花取以各种优美的名字,如"枯松盘坐""满天星斗""金玉如意""貂蝉拜月",等等。当场推选花卉行家,组成评委会,评选出"状元""榜眼""探花",并给予奖金或绢匹以资鼓励。豫园的兰花会为期三天,游客皆可观赏游乐。其间,城隍庙的店铺和摊贩也通宵达旦营业,出售各种花卉和玩具。妇女们还佩戴兰花自娱。一些民间剪纸艺人,剪出各式兰花出售;卖饴糖的小摊贩,也捏出各种兰花状的饴糖出售。

　　而每年农历九月都会举办菊花会。菊花会多在城隍庙的四美轩举行。每逢菊花盛会,名花丛集,罗列堂前,诸如白里透绿的"潘家白"之类的枝长丈余、花大如碗的"粗种"和西施花、狼牙瓣、剪绒菊之类的"细种",各具风姿。经品评甲乙,分"新巧""高贵""珍异"三项,盆上标列艺菊主人的姓氏。

　　除了兰花会、菊花会,城隍庙还有荷花会、梅花会,甚至还举办过牡丹花会。

　　清光绪八年(1882年)六月十三日便举办过一次隆重的荷花会。人们将城乡各种鲜荷抬往寝宫供奉,共有80余缸,均用红木架分排在会,并请专家逐缸评定甲乙,还伴有轻音打唱,前来品赏荷花的游客络绎不绝。1911年7月23日《申报》的《比赛荷花之幽趣》记载:"昨为邑庙荷花会之其,与赛者共有十四盆,其中以郁绅所在之水红品字花最为可观,余如绿放白十八水红抬莲、绿放白抬莲及夏应堂君所种之小水红,顾姓、曹姓、杨姓、青莲庵等之朱红花亦均清香扑鼻,精神活泼,观者赞美不置并闻。郁绅所种之花种类甚多,近因时迁风偏尚未开齐,危及尽行赴赛云。"

而在每年农历正月间,西园例开梅花会,行业公会经办,供游客玩赏。清光绪六年(1880年)正月二十六日《申报》报道:"本城邑庙豫园向例于正月二十五日作梅花会,系香雪堂董事鲜肉业经办,故日乃循年例恭请四司神在寝宫宴待,分八字式排成五席,阶前摆设盆梅,游人亦颇杂沓云。"1917年五月初五至初十,老城隍庙内劝业场举办牡丹大会,陈列多种牡丹于四座,并聘请艺人赵稼秋、张少蟾、张少云、夏莲君四人合奏大套琵琶,并弹三弦、扬琴、胡琴,以娱往来游客。

晚清以降,城隍庙的花会盛况,不少寓沪文人属文记焉。如《沪游杂记·淞南梦影录·沪游梦影》有载:"二月在船舫厅者为兰,三月在内园者为蕙","湘江佳种,罗列满堂。其别种类,品其高低……其有得居手镯者,同人咸啧啧称为状元。如是者凡三日,三日中男女老少,负贩肩挑,鳞集麇萃,汗气熏蒸。竹屋纸窗,无异鲍鱼之肆。"王韬在他的《瀛壖杂志》提及农历九月中旬设于萃秀堂外的菊花会时也以为"佳者殊鲜,所集之人,率皆市侩,罗腥膻,杂丝肉,以夸宴赏。渊明有知,定当捧腹。"当年城隍庙豫园的花会盛事可见一斑。

美食天堂——上海城隍庙

豫园商城有这样一句脍炙人口的广告语："（到了城隍庙）外国人吃到中国点心，中国人吃到上海点心，上海人吃到各地点心。"城隍庙不仅有各具特色的小吃点心，如梨膏糖、宁波汤团、南翔馒头、五香豆、乔家栅擂沙团、蟹壳黄、臭豆腐干、各种素食（素鸡、素火腿等）等，还有名满沪上的老字号饭店，如历史上有名的春风松月楼，以及驰名世界的绿波廊饭店和上海老饭店（荣顺菜馆）等，可谓"美食天堂"，令人流连忘返。

梨膏糖与小热昏

梨膏糖，以雪梨或白鸭梨和中草药为主要原料，添加冰糖、橘红粉、香檬粉等熬制而成，旧时主要用于治疗咳嗽多痰、哮喘，是一种亦食亦药的良方。梨膏糖还分本帮（上海）、苏帮、杭帮、扬帮之分，而老城隍庙的梨膏糖均为本帮。清咸丰五年（1855年），在老城隍庙西首晴雪坊旁边开设了一家以"永生堂"为店号的梨膏糖商店。清光绪三十年（1904年），在老城隍庙北面又开设了一家"德甡堂"，专制专售梨膏糖。由于各家自产自销的梨膏糖能止咳化痰，价廉物美，逐渐成为大众欢迎的老城隍庙土特产品。之后，为迎合上流社会的需求，"朱品斋"嫡传朱兹兴先生推出了高级梨膏糖食品，除投入含有止咳化痰药料外，再添入人参、鹿茸、刺五加、玉桂、五味子等贵重补品，使梨膏糖成为集礼品、闲食、治病为一体的高档食品系列。

过去，梨膏糖是上海最大众化的小食之一，大街小巷都有卖。于是，城隍庙逐渐形成了一种新的马路曲艺形式——小热昏，俗称"卖梨膏糖的"。街头卖艺的只身一人，穿街走巷，徜徉春台戏场、庙会、茶馆、酒楼、集市、码头等。一袭长衫，一面小锣，一副竹板，一条板凳，便是他的流动舞台。他往板凳上一站，敲起小锣，四下的人群便闻声围观。但见他环顾四周，全方位作揖，随后打起竹板，先唱一段喜闻乐见的小调暖场，之后正本开演，使出说、噱、逗、唱浑身解数，博得观众开怀大笑。但到了紧要关头，却慢条斯理地捧出梨膏糖，凭借如簧之舌，诱得观众心动解囊。循序渐进，唱唱卖卖，如此表演三四段后，方告售罄，双手一拱，圆场了结。

南翔馒头店

但凡到城隍庙游玩的外地游客，南翔馒头是必吃的点心之一，如果没吃过，那就不能算真正到过城隍庙，因此，在城隍庙的诸多点心店中，游客排队最长的非南翔馒头店莫属。

南翔馒头店创办于清光绪二十六年（1900年）。店主吴翔升，在嘉定南翔镇开店后，因馒头皮薄馅多，还有一包肉汁，引来不少食客。吴翔升不甘心只在小镇上经营，于是便来到上海滩闯市面，在城隍庙九曲桥畔船舫开设小笼馒头店，店名为"长兴楼"，不久名扬四方，凡是到城隍庙的都要尝尝南翔馒头的美味。

新中国成立后，南翔馒头店精益求精，名师高手，将南翔小笼馒头做得晶莹剔透，鲜美可口，以致顾客川流不息，排队候立。1994年春，加拿大总督纳蒂辛游览豫园，品尝南翔馒头，称赞道："在来中国之前，还未听说上海有这么好吃的点心。"

时任加拿大总督纳蒂辛品尝南翔馒头

五香豆

凡是来到城隍庙豫园,都少不了买几包"冰糖奶油五香豆"。外国朋友也不例外,要尝尝味道。

"冰糖奶油五香豆"的首创者郭瀛州(1908—1966),江苏扬中人。因家乡灾荒,逃荒到上海。他先在老城厢摆书摊,后在一家烟纸店里当过学徒。店旁有家食货店,卖茴香豆。郭瀛州买来当闲食,可是总觉得咬不动,没味道。于是他自己在煤球炉上做试验。先是选豆,再是配料。经过数十次的试验,适量地配制冰糖、食盐、奶油和香精,掌握火候,成功地试制成又香又好吃的五香豆,大受顾客欢迎。于是,郭瀛州正式开店,租下"雷云轩"旱烟店,改为"兴隆郭记号",做五香豆生意。因此,郭瀛州被誉为"五香豆大王"。

宁波汤团

民国时代,上海城隍庙有一家汤团店,专卖宁波猪油汤团,店名"大同春"。

宁波汤团制作与众不同,先将糯米浸在水中,然后磨成米浆,装在袋里阴干成湿粉。馅子是把生猪油去筋,加入黑洋酥和绵白糖,揉捏在一起,做成一只只又油又甜的黑色馅子,然后用粉裹馅,双手搓成一只桂圆大小的汤团,放进水里一烧,一口咬下去,满嘴甜油,香糯可口。

1936年,美国喜剧大师卓别林访问上海,由中国滑稽明星韩兰根陪同到"大同春"吃宁波汤团,赞不绝口。

乔家栅"擂沙团"

老城厢有名的点心店乔家栅,其主人并不姓乔,而是姓李,名一江,外号"小光蛋"。他是安徽人,逃荒到上海,在老城厢挑副骆驼担四处叫卖圆子为生。后来在乔家栅路旁摆个摊位。20岁稍有积蓄,就在摊位近旁租一间店面,店名永茂昌,食客记不住店名,只记得乔家栅路,于是便将它称为"乔家栅"。

乔家栅卖各色汤圆,馅子有鲜肉、豆沙、芝麻之分,具有清香、软糯、爽口之特点。李一江对所有雇员有严格的要求,发现汤圆质量不好,无论亲疏,一概处罚。因此,吃客非常满意,生意兴隆。李一江还为了改变汤圆必须现做现卖、不便存放和携带的缺点,将各种汤圆在煮熟冷透后,滚上经过多道工序的赤豆粉,成为"擂沙团"。

"擂沙团"有两个传说。一是认为"滚"上海话也叫"擂",在豆沙粉上"擂"过的圆子,就叫擂沙团;另一说是在三牌楼有一个也是经营汤圆的老太雷氏,是她首先采用这个办法,因为她姓雷,于是这种汤圆就叫"擂沙团"。

抗战胜利后,李一江将永茂昌盘给南货店老板施惠仁,店名就正式改为"乔家栅"。

上海老饭店

上海老饭店,原名荣顺菜馆,创设于清光绪元年(1875年),现址在福佑路。1965年定今名。该店擅长烹饪江南地区鱼、虾、蟹、鳝等河鲜和四季时令菜肴,采用滑炒、生煸、烩、炸、蒸、糟等各种技法,原汁原味,汤卤紧裹,色泽光艳,浓油赤酱与清淡爽口各有所长。常年供应的传统菜肴有:八宝辣酱、糟钵斗、红烧河鳗、八宝鸭、青鱼秃肺、清炒响鳝、炒圈子、乳腐肉、椒盐排骨、虾子大乌参、红烧鲥鱼、生煸草头等。近年来，又博采江、浙、川、粤、湘菜及西菜之长，创制出鸡粥银丝、白玉蟹饺、糟香鱼尾、火腿佳鱼、溜黄青蟹、鲜汁鲍鱼等特色菜肴。其中扣三丝，刀功均匀整齐，汤汁清洌如水，堪称一绝，被评为部优产品。同时又开发制作咸水角、蛋黄包、莲蓉包、马蹄球等特色点心，使菜肴与点心配套供应，相得益彰。

绿波廊餐厅

绿波廊餐厅原为豫园的一座楼阁，后改设乐圃阆茶楼，1979年建成绿波廊餐厅。现址在豫园路，餐厅北临荷花池，湖心亭、九曲桥景色尽收眼底，环境清幽宜人。

绿波廊采苏扬名点之长，创各色小点之特。三丝眉毛酥、萝卜丝饼、枣泥酥等做工精巧，吃口上佳，为席上珍品；被誉为太湖一绝的船点，被绿波廊吸纳过来，制作成形态逼真的飞禽走兽、花卉瓜果点心，既是美味小吃，又是可供欣赏的艺术品。

此外，绿波廊常年供应的特色点心还有金腿小粽、花色烧卖、鸽蛋圆子、香菇菜包、葡萄奶黄包等五十多种。菜肴也颇具特色，风味多样，有色泽乌光、质软酥烂的虾子大乌参；有咸中带甜、入口肥糯的红烧鲥鱼；有脆嫩味美的京式油爆墨鱼片，有甜、酸、辣、香兼具的川帮肚条等各地名菜；也有用燕窝蟹黄烹制成的"龙王赴宴"等创新菜肴。更有首创菜夹点的宴席（即佳肴和特色点心交叉上席），获得烹饪界的广泛赞扬。英国女王伊丽莎白二世、美国总统克林顿等访华游览老城隍庙时，都品尝过绿波廊制作的小点心，惊喜不已，赞不绝口。

美国总统克林顿夫妇为绿波廊题词

如今，城隍庙除了传统的中式美食外，顺应时代的变迁，满足当代人对美食的渴望，又引进了世界各地的美食，如美式冰激凌、欧式点心、日式寿司、韩式炸鸡、土耳其烤肉等，包罗万象，应有尽有，使得中外游客在城隍庙大饱口福，足以彰显上海越来越国际化。

后 记

　　上海通志馆落成于1996年，位于浦东新区王港镇，是上海市地方志办公室下属的二级事业单位，主要承担上海地方资料和方志资料的搜集、整理和研究工作，是发展和繁荣上海地方志事业的重要机构。2011年，经上海市人力资源和社会保障局批准，核定为"以管理岗位为主的事业单位"，属公益1类。上海通志馆其历史渊源可追溯至1932年以柳亚子为馆长、朱少屏为副馆长，徐蔚南、胡怀琛、蒯世勋、席涤尘、胡道静等一批学者为馆员，成立于上海法租界的上海市通志馆。新时期的上海通志馆在续写百年发展史的基础上，正在建设成为上海唯一的和综合性的当代地情资料中心。今通志馆馆藏全国省、地、县新编地方志书三万余种，全国省、地出版的地方综合年鉴及上海地情资料万余种，上海出版的首轮志书（包括市级一部10册46卷，10部县志，12部区志，110部专志）百余种。

　　根据《全国地方志事业发展规划纲要（2015—2020年）》提出的"坚持修志为用"的基本原则以及"提高地方志资源开发利用水平"的主要任务，上海通志馆推进实施了"上海地情普及系列丛书"计划。为献礼中华人民共和国成立70周年和上海解放70周年，讲好上海故事，2019年系列丛书推出了关于上海源、苏州河、黄浦江、老城厢、古名镇的精品著作，依靠社会力量集体重构上海城市记忆。

　　这套丛书将大部头、小众化的地方志转化为通俗易懂的地情知识，具有以下特点：准确性，广泛利用权威方志、年鉴及其他地情资料；代表性，以上海本土重要的地情、地域、地理和地标为核心；权威性，汇集上海历史和地域文化研究领域中的名家学者；普及性，以通俗化方式向大众普及上海发展历史和优秀文化。上海通志馆后续还将选择能够反映时代历史巨变、描绘时代精神图谱的系列主题，持续精心打造"上海地情普及系列丛书"，努力推进方志文化的通识教育，为上海史研究工作提供系统、完整、丰富的史料，为百姓留下喜闻乐见的文化普及读物。

　　本系列丛书由上海通志馆副馆长吴一峻组织总实施，杨杨博士协调专家学者。由于资料来源、编写水平等方面的局限，对于书中存在的挂漏讹谬之处，望方家不吝指正！

编者
2019年5月

图书在版编目（CIP）数据

亦中亦西老城厢/上海市地方志办公室主编；张雪
敏著．—上海：学林出版社，2019.8
（上海地情普及系列丛书）
ISBN 978-7-5486-1549-1

Ⅰ.①亦… Ⅱ.①上… ②张… Ⅲ.①文化史－上海
Ⅳ.①K295.1

中国版本图书馆CIP数据核字（2019）第141929号

责任编辑　许钧伟
整体设计　姜　明
封面设计　魏　来
摄　　影　顾歆豪　高　波　郑宪章
图片提供　项慧芳　张雪敏　顾歆豪
封面题字　王依群
特约审校　王瑞祥

亦中亦西老城厢
上海市地方志办公室　主编
张雪敏　著

出　　版　学林出版社
　　　　　（200001　上海福建中路193号）
发　　行　上海人民出版社发行中心
　　　　　（200001　上海福建中路193号）
印　　刷　上海丽佳制版印刷有限公司
开　　本　720×1000　1/16
印　　张　13.5
字　　数　16万
版　　次　2019年8月第1版
印　　次　2019年8月第1次印刷
ISBN 978-7-5486-1549-1/G·600
定　　价　68.00元